AF533230

Sebastian Stetter: Solo Freestyle Canoeing

Solo Freestyle Canoeing

Canadierpaddeln mit Anmut, Leichtigkeit und Präzision

Sebastian Stetter

Bibliografische Information der Deutschen Nationalbibliothek:
Die Deutsche Nationalbibliothek verzeichnet diese Publikation in der Deutschen Nationalbibliografie; detaillierte bibliografische Daten sind im Internet über http://dnb.d-nb.de abrufbar.

Das Titelbild zeigt die Freestyle-Instrukteurin Maria Laurberg-Danielsen.
Foto von Martin Strunge, www.kanotur.nu.

Die Zeichnungen im Buch stammen vom Autor.

Printed in Germany.

ISBN 978-3-95631-328-8

Shaker Media GmbH · Postfach 101818 · 52018 Aachen
Telefon: 02407 / 95964 - 0 · Telefax: 02407 / 95964 - 9
Internet: www.shaker-media.de · E-Mail: info@shaker-media.de

Danksagung

An der Entstehung dieses Buches waren viele Personen beteiligt. Bei ihnen allen möchte ich mich herzlich für die großartige Unterstützung bedanken,

bei Jörg Wagner und Mark Maier, die mit ihrem fachlichen Rat dabei halfen, Fehler aufzudecken, und wertvolle inhaltliche Anregungen gaben;

bei Becky und Mark Molina, die geschichtliche Hintergrundinformationen aus den USA beitrugen;

bei Andreas Schürmann, Claudia Mössner, Martin Strunge, Jörg Weckesser und Wolfgang Hölbling, die Fotos zur Verfügung stellten;

bei Martina Takacs, die mit ihrem Lektorat für sprachliche Klarheit gesorgt hat

und beim Shaker Media Verlag für das Vertrauen in dieses Werk und die Unterstützung bei der Veröffentlichung.

Ganz besonders danke ich jedoch meiner Frau Tanja, die mir immer als kritischer und konstruktiver Diskussionspartner zur Seite stand, die fotografiert und Modell gepaddelt hat und die stets Verständnis für meine langen Schreibnächte hatte, und meinen Kindern Robin und Tara, die so manche Stunde auf ihren Papa verzichten mussten.

Ebenso gilt mein Dank allen, die dieses Buchprojekt im Rahmen der Crowdfunding-Kampagne unterstützt haben. Eine Liste dieser Unterstützer ist auf der Internetseite zu diesem Buch zu finden.

www.freestylecanoeing.de

Über dieses Buch

Seit ich Freestyle-Kurse gebe, werde ich immer wieder nach deutscher Literatur über diesen Sport gefragt. Leider hatte ich bis heute keine befriedigende Antwort darauf. Aktuelle Bücher zum Thema gab es nicht, und erst recht nicht in deutscher Sprache. Fast alles Wissen über das Freestyle-Paddeln wird mündlich weitergegeben. Das macht eine klare und zusammenfassende Aufarbeitung des Themas schwierig, und so entstand der Plan, dieses Buch zu schreiben.

Freestyle lebt und entwickelt sich weiter. Jeden Tag steigen Paddler in ihre Boote und kommen mit neuen Erkenntnissen über das Zusammenwirken von Körper, Paddel und Canoe zurück. Freestyle-Paddler gehen den Dingen besonders gerne auf den Grund. Das erste amerikanische Freestyle-Buch von Lou Glaros und Charlie Wilson galt schon bei seinem Erscheinen als veraltet. So gehe ich davon aus, dass auch an diesem Werk der Zahn der Zeit nagen und irgendwann eine Neuausgabe nötig machen wird. In jedem Fall soll dieses Buch nicht nur ein Lehrbuch und Nachschlagewerk für Interessierte sein, sondern auch als Diskussionsgrundlage für alle dienen, die sich mit Freestyle auseinandersetzen wollen.

Der Freestyle kam Anfang der 90er-Jahre von Amerika nach Europa und fand hier schnell eine wachsende Anhängerschar, die Freude daran hatte, die Konzepte aufzunehmen und sie auf spielerische Weise in einen neuen Kontext zu setzen. So hat sich im Laufe der Zeit eine eigene europäische Handschrift entwickelt. Vermutlich trug dazu die Tatsache bei, dass in Europa kaum nennenswerte Wettbewerbe im Interpretive Freestyle ausgetragen wurden. Man musste nicht darauf achten, wie etwas zu tun ist, um von der Jury eine gute Bewertung zu bekommen, sondern war frei im Experimentieren und Denken. Das hat dazu geführt, dass wir Europäer gelegentlich in Detailfragen die Dinge etwas anders sehen als unsere amerikanischen Kollegen. Das vorliegende Buch zeigt also sicher auch eine europäische Sicht auf den „American Freestyle“.

Verwendungshinweise

Freestyle lernen ist wie eine neue Sprache zu lernen. Alles folgt logischen Prinzipien und vieles baut aufeinander auf. Leider ist die Materie teilweise etwas komplex, sodass in den späteren Kapiteln einiges Vorwissen vorausgesetzt wird. Einsteigern empfehle ich, dieses Buch von Anfang an zu lesen, um die späteren Kapitel leichter zu verstehen. Fortgeschrittene können es als Nachschlagewerk verwenden. Trotzdem kann es sein, dass manche Begriffe für den Leser neu sind, weil sie im deutschsprachigen Raum seltener verwendet werden. Wo es möglich ist, verwende ich die geläufigeren Begriffe, wo es nötig ist, die genauere Alternative. Im Text *kursiv* hervorgehobene Fachbegriffe sind auch im Index dieses Buches zu finden, wo jeweils auf eine Erklärung verwiesen wird.

Teil I dieses Buches gibt eine Einführung in den Freestyle-Kanusport. Hier werden auch die wichtigsten Fachbegriffe erklärt, ohne die man in der Welt des Paddelns kaum auskommt. Viele dieser Begriffe kommen aus dem Englischen. Bei der Entscheidung, einen Begriff ins Deutsche zu übersetzen, habe ich mich jeweils daran orientiert, welcher Begriff in der Freestyle-Szene überwiegend verwendet wird.

Teil II beinhaltet Grundlagen der Paddeltechnik. Hier werden richtiges Sitzen, Körperhaltung und die Verwendung des Paddels beschrieben. Auch die wichtigsten Grundschläge im Solo-Canadier werden detailliert erklärt. In der Praxis gibt es oft mehr als eine korrekte Ausführungsart. Wenn ein Schlag von der hier beschriebenen Ausführungsweise abweicht, muss er nicht unbedingt falsch sein. Man sollte sich bei der Beurteilung stets von Überlegungen zu physikalischen Prinzipien, Körperfreundlichkeit und Sicherheit leiten lassen.

Die Manöverbeschreibungen in Teil III bestehen jeweils aus einem beschreibenden Text und einer kurzen Merkhilfe, die wie eine Art Checkliste die wichtigen Schlüsselmerkmale zusammenfasst. Die Merkhilfen enthalten außerdem ein Piktogramm, das den statischen Teil eines Manövers zeigt. Diese Darstellungen beziehen sich auf Linkspaddler. Rechtspaddler interpretieren die Piktogramme entsprechend gespiegelt. Auf der gegenüberliegenden Seite befinden sich je drei Bilder, auf denen die drei Schlüsselszenen des beschriebenen Manövers dargestellt werden.

Teil IV gibt einen kurzen Überblick über Möglichkeiten, ein Canoe nach einer Kenterung wieder leer zu bekommen und aus dem Wasser heraus wieder einzusteigen – Techniken, mit denen sich jeder Paddler nicht nur theoretisch beschäftigen sollte. Manche erfordern einige Übung, damit man sie im Ernstfall souverän ausführen kann.

Teil V enthält mit dem Anhang außer dem Stichwortverzeichnis zum Nachschlagen noch Listen über Internetseiten und Instrukteure.

Ein Bild sagt mehr als tausend Worte – dieses Sprichwort trifft auf die Darstellung komplexer Bewegungsabläufe leider nur bedingt zu. Fotos eignen sich hervorragend dazu, einen Moment einzufrieren und Statisches detailgenau darzustellen. Die Geschehnisse zwischen den Bildern, die Wege von einer Position oder Haltung zur nächsten, kann man sich am besten über den Text erschließen. Ich wollte die einzelnen Paddelschläge und Manöver möglichst präzise beschreiben, deshalb liegt der Schwerpunkt in diesem Buch auf dem Wort. Bilder werden verwendet, um einen Eindruck über die Schlüsselszenen einer Bewegung zu vermitteln. Sie ergänzen den Text.

Legende der Piktogramme

- Ein schwarzes Dreieck markiert den Bug des Canoes.
- Der Punkt in der Mitte des Bootes markiert den Drehpunkt.
- Ein kleiner, halber Punkt am Süllrand markiert die Onside.
- Ein gestrichelter Süllrand markiert die Seite des Bootes, die heruntergekantet wird.
- Die Paddelstellung ist neben dem Canoe eingezeichnet.
- Ein durchgehender Pfeil zeigt die Bewegungsrichtung des Bootes an.
- Ein lang gestrichelter Pfeil zeigt die Anströmrichtung des Wassers.
- Ein kurz gestrichelter Pfeil zeigt die Richtung, in die der Zug oder Druck des Wassers am Paddel wirkt.

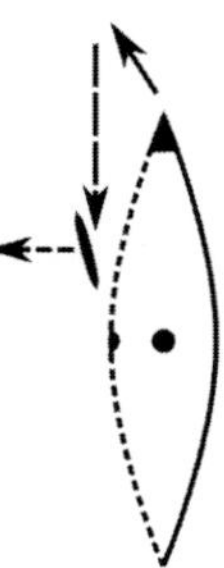

Feedback

Ich freue mich über Anregungen und Feedback zu diesem Buch. Auch Fragen zum Freestyle beantworte ich gern, soweit es mir möglich ist.

E-Mail: sebastian@freestylecanoeing.de

Inhaltsverzeichnis

Teil I.

Einführung

1. Was ist Freestyle Canoeing?

Freestyle Canoeing ist eine Sammlung von Paddeltechniken zur präzisen und effizienten Bewegung von Canadiern, also offenen Paddelbooten, die mit dem Stechpaddel bewegt werden. Körper, Paddel und Boot bilden – in komplexen Bewegungsabläufen – eine Einheit und sind gleichermaßen wichtig. Mit diesem harmonischen Zusammenspiel und einem guten Gefühl und Verständnis für die Wirkungszusammenhänge lassen sich Canadier mit sehr wenig Krafteinsatz auf erstaunliche Weise bewegen.

Mit dem Freestyle-Üben erschließt man sich als Paddler neue Freiräume. Eine Wasserfläche, die der Mensch ohne Hilfsmittel nicht betreten kann, wird zum natürlichen Bewegungsraum, in dem er sich souverän und elegant bewegt und zu Orten und Perspektiven gelangt, die anderen verwehrt bleiben. Der Bootsbauer und Paddeltrainer Patrick Moore sagte einmal:

Ein guter Paddler bewegt sich auf dem Wasser mit der Eleganz eines Tänzers an Land.

Für mich ist Freestyle das Paddeln mit Anmut, Leichtigkeit und Präzision. Eleganz und Anmut sind dabei aber nicht der eigentliche Zweck. Vielmehr ist es umgekehrt: Aus der präzisen Technik und der damit einhergehenden Kraftersparnis folgt die Leichtigkeit der Bewegungen. Diese Leichtigkeit empfinden wir als anmutig. Auch wenn der Reiher nicht fliegt, um uns zu erfreuen, ist der Anblick seines Fluges für die meisten Menschen schön.

1.1. Kennzeichen des Freestyle

Zu den markantesten und sichtbaren Merkmalen des Freestyle gehört das starke Neigen des Canoes während der Manöver. Dadurch wird die Kiellinie verkürzt, der Kielsprung erhöht sich, und das Boot wird in der Kurve weniger stark gebremst.

Bewegungsenergie wird normalerweise in der Vorwärts- oder Rückwärtsfahrt aufgenommen. Die eigentliche Kurvenfahrt kommt weitgehend ohne aktive Paddelschläge aus. Die Bootsbewegung wird durch Änderung der Rumpflage im Wasser und durch statische Paddelpositionen in die gewünschte Richtung umgelenkt. Manchmal entsteht der Eindruck, als bewege sich das Boot ohne Zutun des Paddlers in eine andere Richtung. Ein wichtiger Leitsatz lautet daher auch: „Let the boat do the work. – Lass das Boot die Arbeit machen."

Freestyle-Paddler wenden sich zu ihrem Paddel hin. Dadurch findet die Arbeit mit dem Paddel vor dem Körper statt, was am leichtesten und sichersten ist. Ein anderer Leitsatz lautet deshalb: „Face your work. – Wende dich deiner Arbeit zu."

Je nach Manöver kann man verschiedene Positionen im Boot einnehmen. Man ist also nicht gezwungen, auf dem Sitz zu bleiben. Man kann in den Kniestand gehen, sich weit vor den Sitz begeben, quer im Boot sitzen oder sich sogar im Boot umdrehen. So lässt sich das Paddel bequem an Positionen einsetzen, die man im Sitzen nur sehr schwer erreicht. Die Positionswechsel verändern auch den Schwerpunkt des Bootes. Über die Rumpflage im Wasser kann man das Fahrverhalten des Canoes verändern.

1.2. Was bringt mir Freestyle?

Freestyle-Paddeln fördert die Konzentration, das Gleichgewicht und die Beweglichkeit und wirkt darüber hinaus auch noch ungemein entspannend. Jeder Paddler findet im Freestyle seine ganz eigene Motivation und Befriedigung.

Diese kleine Nische des Paddelsports bietet viel Gelegenheit, etwas über die Gesetzmäßigkeiten des Paddelns und ihre sinnvolle Anwendung zu lernen. Begegnungen unter Freestyle-Paddlern sind manchmal von lebhaftem Erfahrungsaustausch und langen Gesprächen mit fast wissenschaftlichem Charakter geprägt.

Freestyle-Paddler sehen genau hin und beschäftigen sich mit den Details beim Gebrauch von Paddel, Körper und Canoe. Daraus folgt fast zwangsläufig, dass man ein besserer Paddler wird – besser in dem Sinne, dass man lernt, seinen Körper effizienter zu nutzen und Energieverluste durch saubere Paddeltechnik zu minimieren. Dadurch ist man letztlich entspannter und so in der Lage, schmerzfrei und länger zu paddeln. Freestyle ist die Beschäftigung mit dem Paddeln an sich. Das allein bereitet vielen Paddlern Freude.

Für einige Menschen ist Freestyle auch eine Ausdrucksform. Sie paddeln Küren zu Musik. Das hat etwas von Tanzen oder Eiskunstlauf und ist die Facette, die in der Öffentlichkeit am stärksten wahrgenommen wird und gelegentlich zu der Annahme verleitet, Freestyle wäre grundsätzlich Kanuballett.

Dann ist da noch die meditative Komponente. Es ist kaum möglich, präzise Manöver zu paddeln, während man den Kopf mit anderen Dingen voll hat. Durch diese Art des Paddelns gewinnt man Abstand vom Alltag und findet zu sich.

Es ist also nicht ganz einfach zu sagen, wo Freestyle anfängt und wo es endet. Ich habe einige „Kringler“, wie sich die Freestylepaddler in Deutschland auch nennen, nach ihrer Definition befragt und möchte sie hier zu Wort kommen lassen:

Silke Reitner:

> „Freestyle ist für mich harmonisches Spiel mit Körper, Boot und Wasser – eben Paddeln mit großer Liebe zum Detail.“

Mark Maier:

> „Wenn ich Freestyle übe, lasse ich die Hektik und den Stress des Alltags hinter mir, und mein Geist findet zur Ruhe.“

Rieke Schäfer:

> „Freestyle ist für mich die fast meditative Konzentration auf die zentralen Aspekte des Paddelns: Wasser, Boot, Paddel, Effizienz und nicht zu vergessen viel Spaß, Liebe zum Paddeln und ein bisschen Perfektionismus.“

Tanja Stetter:

> „Ich finde im Freestyle Verbundenheit zu mir selbst, zu meiner Umgebung und zu wundervollen Menschen.“

Franziska Pokorny:

> „Freestyle bedeutet für mich, draußen zu sein und nichts anderes zu tun als zu paddeln, ohne Absicht, für niemanden, nur für mich selbst. Nichts anderes ist in diesem Moment wichtig. Das ist Paddeln als Sport, als Kunst, sogar als Meditation.“

1.3. Die Wurzeln des Freestyle

Die Wurzeln des Freestyle reichen genauso weit zurück wie die des offenen Kanus – bis in die Kultur der nordamerikanischen Ureinwohner und von dort her über die Trapper und Pelzhändler zu den Fishing Guides der Erholungsgebiete reicher Leute in Kanada Mitte des 19. Jahrhunderts. Um einen großen Canadier, der eigentlich für mehrere Personen und zum Transport von Ausrüstung und Waren genutzt wurde, auch allein und bei widrigen Verhältnissen sicher und elegant zu beherrschen, entwickelte man besondere Techniken, die bald zur Kunstform wurden. So entstand der Canadian Style. Bei den alljährlichen Treffen der Pelzhändler und später in den Camps der Guides wurde die Einheit von Wasser, Körper und Boot zur Unterhaltung zelebriert.

In den 1970er- und 1980er-Jahren erlebte das Solo-Canoe in den USA eine Renaissance. In dieser Zeit experimentierte man viel mit den neuen „Personal Canoes", und die Grenzen dessen, was damals für möglich gehalten wurde, verschoben sich beinahe täglich. Besonders im mittleren Westen der USA und in Florida trafen sich Paddler an den Wochenenden und entwickelten Techniken mit einem ganz praktischen Zweck für das Tourenpaddeln zu einem eigenständigen Sport weiter.

In Florida prägten besonders Mike Galt, Inhaber von Lotus Canoes, Marilu Wilson, Lou Glaros, Ed und Debbie DeBerry, Eric Schooley und Tom und John Blackburn das, was damals noch als Sport Canoeing bezeichnet wurde. Im Mittleren Westen waren Patrick Moore, Tom Mackenzie, Mary Lou Greene, Charlie Wilson und Dana Grover wichtige Pioniere.

Ende der 80er-Jahre stellte Mike Galt von Lotus Canoes fest, dass die eleganten Manöver die Verkaufserfolge seiner Canoes förderten. Er veranstaltete zunächst mit Musik untermalte Vorführungen und setzte sie gezielt zur Verkaufsförderung ein. Im nächsten Schritt taufte er den Sport dann Freestyle, und die ersten nationalen Meisterschaften fanden im kleinen Kreis statt. Der Ablauf ähnelte stark dem Prozedere beim Eiskunstlauf, und das Team Lotus war natürlich führend. So entstand aus einer Werbeidee heraus das, was wir heute als Interpretive Freestyle kennen. Dieses Vorgehen zog Kontroversen nach sich. Besonders Patrick Moore lehnte den Begriff Freestyle ab und sprach weiterhin von Sport Canoeing.

Über das Solo-Paddeln gelangten die Freestyle-Techniken auch zum Tandem. Bedingt durch die Aufgabenteilung und die andere Position der Paddler zum *Drehpunkt* unterscheidet sich der Tandem-Freestyle in vielen Punkten vom Solo. Daher können die Manöver nicht einfach übertragen werden.

Charlie Wilson führte den Freestyle-Sport in das Ausbildungsprogramm der American Canoe Association ein. Im Verlauf wurden die Techniken weiter systematisiert, und es gab erstmals formal ausgebildete Instrukteure, die den Sport weitertrugen.

Jörg Wagner brachte 1993 den Solo-Freestyle nach Europa. Von Tom Mackenzie als Freestyle-Instrukteur zertifiziert machte er den Sport zunächst in Deutschland, später auch in anderen europäischen Ländern bekannt. Die ersten europäischen Tandem-Freestyle-Paddler waren Annemieke und Wouter Kieboom.

Jörg Wagner wurde 1996 von Becky und Mark Molina als Instructor-Trainer zertifiziert und bildete die ersten sieben Instrukteure in Europa aus. Darunter war auch Silke Reitner, die das *Kringelfieber* als jährliches Treffen für Instrukteure und befreundete Paddler ins Leben rief. Dieses Treffen ist mittlerweile zum wichtigsten auf dem Kontinent geworden und zieht jedes Jahr Besucher aus vielen Teilen Europas an.

Kontakte in die USA werden immer noch gepflegt. Besonders Becky und Mark Molina haben sich in den vergangenen Jahren für die europäische Freestyle-Gemeinschaft innerhalb der ACA engagiert. Inzwischen ist diese Gemeinschaft größer und eigenständiger geworden. Das hat sich auch in der Entwicklung der Paddeltechnik niedergeschlagen. Manche amerikanischen Kollegen sprechen gelegentlich sogar von European Freestyle.

1.4. Voraussetzungen

Persönliche Voraussetzungen

Fast jeder kann Freestyle lernen. Wie bei jedem Wassersport sollte man schwimmen können und sich im Wasser sicher fühlen. Man sollte im Dreipunktsitz knien und in sein Boot einsteigen und daraus aussteigen können. Ein guter Gleichgewichtssinn, eine gewisse Beweglichkeit und Koordinationsfähigkeit sind sicherlich von Vorteil, all dies wird beim Freestyle aber auch geschult und verbessert sich mit der Zeit.

Ausrüstung

Freestyle ist in erster Linie eine Fähigkeit und beruht auf physikalischen Gesetzen, die in jedem Canadier gleich sind. Es gibt Boote und Paddel, die sich dafür besser

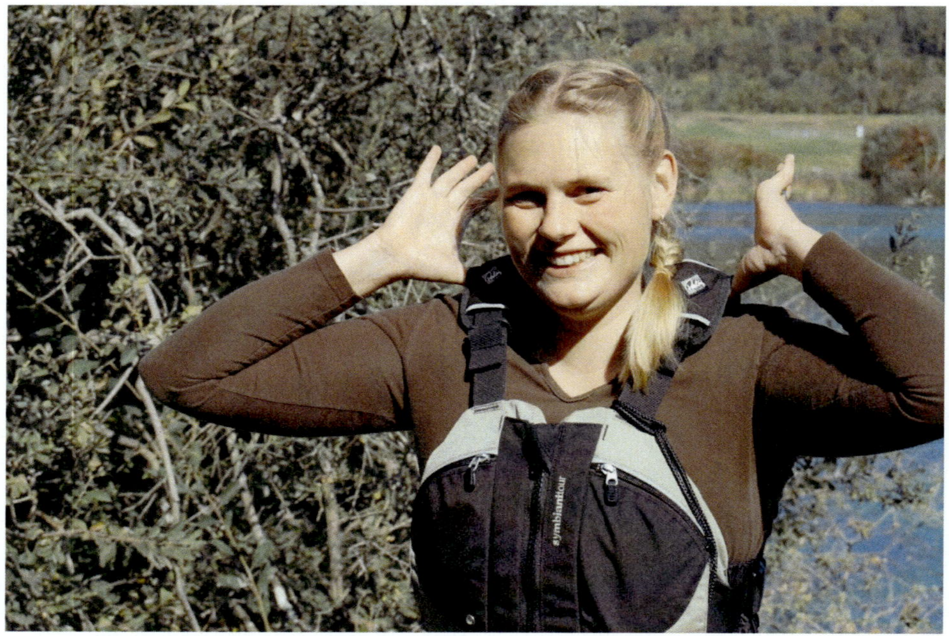

Einfacher Test: Eine Schwimmweste sollte nicht nach oben rutschen.

eignen und die das Lernen wesentlich erleichtern, aber genau wie spezielle Schuhe zum Wandern sind sie nicht zwingend nötig, um mit dem Freestyle-Paddeln zu beginnen.

Prinzipiell kann man jeden Solo-Canadier verwenden, der ausreichend wendig ist und sich einigermaßen stabil auf der Kante halten lässt. Besonders eignen sich Solo-Canadier mit einer Länge zwischen 13 und 15 Fuß, die einen moderaten *Kielsprung* und runde Übergänge vom Boden zur Seitenwand haben. Zu viel *Tumblehome* ist eher nachteilig, da es das sichere Herabneigen der *Süllränder* erschwert.

Auch ein normales Tourenpaddel eignet sich perfekt. Man sollte allerdings möglichst ein symmetrisches Paddel verwenden, weil man bei vielen Manövern beide Blattseiten benutzt und das Paddelblatt oft unter Wasser an verschiedenen Positionen führt. Die Blätter spezieller Freestyle-Paddel sind besonders dünn, was Energieverluste während der statischen Manöverteile vermindert.

Ein wichtiger Ausrüstungsgegenstand ist die Schwimmweste. Sie sollte gut sitzen und auf dem Wasser immer getragen werden. Sie liefert zusätzlichen Auftrieb, ohne den sich die meisten Selbstrettungsmanöver nach einer Kenterung äußerst schwierig gestalten. Sie schützt auch vor dem Ertrinken und wirkt zusätzlich als Kälteschutz. Es gibt eine Vielzahl an Modellen auf dem Markt. Sie alle erfüllen ihren Zweck, große Unterschiede gibt es aber bei Passform, Tragekomfort und Bewegungsfreiheit. Eine Schwimmweste sitzt dann richtig, wenn sie nicht nach oben rutscht. Testen kann man das, indem man beide Daumen unter die Schultergurte steckt und sie nach oben zieht.

Eine polsternde und im Boot nicht rutschende Kniematte ist eine Anschaffung, über die man schnell froh sein wird. Für die ersten Kringel tut es aber auch ein Stück Isomatte aus dem Baumarkt. In diesem Fall sollte man Socken und lange Hosen tragen, damit man sich nicht die Knie und Füße aufscheuert.

Viele Freestyle-Paddler paddeln barfuß, sobald es die Temperaturen erlauben. Für kältere Tage gibt es Neoprensocken, oder man benutzt einfach dicke Wollsocken. Manche Paddler tragen sehr weiche Paddelschuhe. Einige fühlen sich im Boot barfuß am beweglichsten. Auf stehenden Gewässern ist das normalerweise kein Problem, da die Verletzungsgefahr hier gering ist. Für das Laufen im Uferbereich empfiehlt sich ein Paar wasserfester Schuhe, um die Füße vor Glasscherben und Ähnlichem zu schützen. Zum Paddeln kann man die Schuhe einfach im Boot festbinden. Man sollte dann allerdings darauf achten, dass sie bei einer Bootsbergung nicht stören. Alternativ lässt man sie einfach am Ufer zurück, wenn man sich ohnehin nicht weit entfernt.

Gewässer

Wenn das Wasser flüssig ist, dann kann man normalerweise darauf paddeln. Zum Erlernen und Üben der präzisen Ausführung von Paddelschlägen und Manövern und wenn man die Reaktionen des Bootes erspüren will, ist eine wind- und wellengeschützte Umgebung hilfreich. Schon eine kleine Wasserfläche reicht dazu völlig

It's not the equipment ...

In einem alten Video über Sport Canoeing sieht man aus der Ferne, wie Patrick Moore sehr elegant einen Canadier paddelt. Langsam zoomt die Kamera heran und man erkennt, dass es sich bei dem Boot um einen ziemlich verbeulten Alu-Canadier handelt und Moore eine alte Schaufel als Paddel verwendet. Schließlich kommentiert er die Szene selbst mit dem Ausspruch:

It's not the equipment! – Es liegt nicht an der Ausrüstung!

aus. Hier kann man sich, wie im Labor, ohne störende Einflüsse ganz auf sein Paddeln konzentrieren. Frühmorgens oder abends, wenn das Wasser ganz glatt ist, macht das besonders viel Freude. Wenn man ein kleines Gewässer in der Nähe hat, kann man auch vor der Arbeit oder nach Feierabend eine Paddelstunde genießen.

Freestyle-Kurse

Freestyle ist eng an die Erweiterung der eigenen Fähigkeiten geknüpft. In diese lohnt es sich zu investieren. Gerade am Anfang kommt man schnell an einen Punkt, an dem man ohne einen guten Lehrer nur noch schwer weiterkommt. Spätestens dann hilft ein Kurs. Unterricht ist zwar keine Voraussetzung, doch auch wenn man sich vieles beim Paddeln selbst erschließt, kann die Unterstützung durch einen erfahrenen Instrukteur wichtige Lernimpulse geben und Missverständnisse vermeiden.

Freestyle-Instrukteure gibt es mittlerweile in einigen Ländern Europas. Diese Instrukteure sind von Trainern der American Canoe Association (ACA) ausgebildet und zertifiziert. Manche bieten auch kurze Workshops auf verschiedenen Canadiertreffen und Veranstaltungen an. Hinweise auf Kontaktmöglichkeiten zu europäischen Instrukteuren stehen im Anhang auf Seite 166.

Auch beim *Kringelfieber*, dem wichtigsten Treffen der Freestylepaddler in Europa, werden zahlreiche Kurzworkshops angeboten – ein perfekter Einstieg in den Sport und die europäische Freestyle-Gemeinschaft. Informationen zum Kringelfieber sind ebenfalls im Anhang zu finden.

2. Canadiersprache – wichtige Begriffe

Wenn man über Canadier und das Paddeln spricht, kommt man nicht lange ohne ein paar Fachbegriffe aus. Die meisten kommen aus dem Englischen, und für manche dieser Begriffe gibt es keine besonders eleganten deutschen Entsprechungen. In solchen Fällen bleibe ich beim englischen Original.

2.1. Teile des Canadiers

Bug und Heck

Bug und Heck bezeichnen jeweils das vordere beziehungsweise das hintere Drittel eines Bootes. Dazwischen befindet sich das *Mittelschiff*. Die englischen Begriffe dafür lauten *Bow*, *Stern* und *Mid-Section*.

Steven

Als Steven bezeichnet man die gebogenen und spitz zulaufenden Enden eines Canoes. Mit Ausnahme von Canoes mit Spiegelheck haben alle Canadier einen Bugsteven und einen Hecksteven. Der englische Begriff lautet *Stem*.

Süllrand

Als Süllränder bezeichnet man die abschließenden oberen Ränder eines Canadiers. Wenn die Süllränder aus Holz gefertigt sind, bestehen sie meist aus zwei Teilen, dem äußeren und dem inneren Süllrand. Im Englischen nennt man die Süllränder *Gunwales* (gesprochen wie englisch „Gunnels“). Der innere Süllrand heißt dort *Inwale* und der äußere *Outwale*. Inwale und Outwale werden auch im Englischen als Inwale und Outwale ausgesprochen.

Kiellinie

Die Kiellinie verläuft als gedachte Linie in der Mitte des Canoes zwischen Bugsteven und Hecksteven. Bei einem aufrecht stehenden Canoe befindet sich der Schwerpunkt exakt darüber, und auch der tiefste Punkt des Querschnitts liegt auf der Kiellinie. Die meisten Canadier haben keinen echten Kiel mit Steuerwirkung. Die Kiellinie wird im Englischen als *Keel Line* bezeichnet.

Kielsprung

Der Kielsprung, auf englisch *Rocker*, ist eine wichtige Kenngröße einer Bootsform. Von ihr hängen Wendigkeit und Geradeauslauf eines Canoes maßgeblich ab. Am besten kann man den Kielsprung eines Bootes erkennen, wenn man es auf eine ebene Fläche legt und mit etwas Abstand von der Seite betrachtet. Canoes ohne Kielsprung liegen über die ganze Länge mit der Kiellinie auf dem Boden auf. Solche Boote sind in der Regel nicht sehr kurvenfreudig. Ein Canadier mit starkem Kielsprung lässt sich dagegen problemlos auf der Stelle drehen. Bei solchen Booten ist die Kiellinie zu den Steven hin gekrümmt, sodass der Bootsboden lediglich mit dem Mittelteil aufliegt.

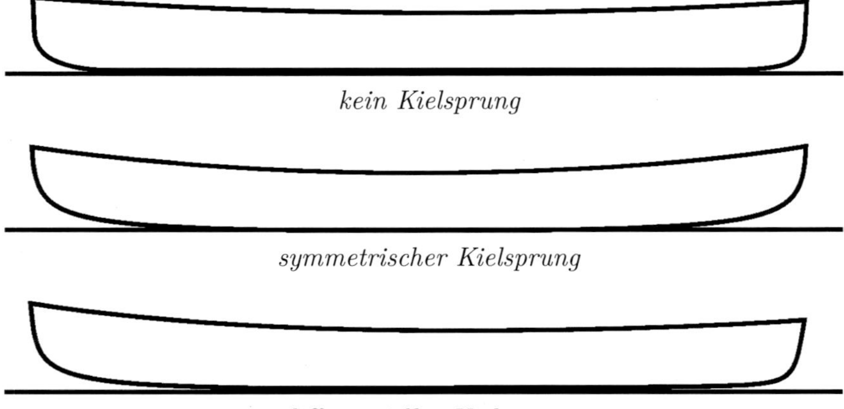

differenzieller Kielsprung

Verschiedene Ausprägungen von Kielsprung bei Canadiern

Deadwood

Deadwood bezeichnet den Teil von Bug oder Heck, der zwar unter Wasser liegt, aber so schmal ist, dass er nicht wesentlich zum Auftrieb des Canoes beiträgt.

Deadwood hat vor allem im Heck von Canoes eine Bedeutung (Skegged Stern), da es dort wie eine Finne wirken kann und den bootseigenen Geradeauslauf verbessert. In der Rückwärtsfahrt kann das manchmal Probleme machen, da Deadwood auf der Seite in Fahrtrichtung die Carving-Neigung massiv erhöht. Im Bug wird Deadwood deshalb im Allgemeinen vermieden.

Ducht

Eine Ducht ist eine Querstrebe in einem Canadier, die die Süllränder auf Distanz hält. Sie trägt zur Formstabilität des Bootes bei. Bei einigen Canoes kann über die Breite der Duchten auch der Kielsprung etwas beeinflusst werden, auch wenn das in der Regel nicht so vorgesehen ist. Sonderformen von Duchten sind die nur wenige Zentimeter breiten Griffduchten in den Bootsenden, das Tragejoch, das häufig in Tandem-Canoes zu finden ist, und die Knieducht. Der englische Begriff lautet *Thwart*.

Sitz

Je nach Einsatzzweck gibt es verschiedene Formen von Sitzen in Canoes. Die gängigste Form ist die Sitzbank, die meist aus einem hölzernen Rahmen mit einer geflochtenen Bespannung besteht und an den Süllrändern aufgehängt ist. Diese Bauform lässt sich leicht in der Höhe modifizieren und bietet viel Beinfreiheit. In vielen Freestyle-Canoes findet man auch Knieduchten oder *Kneeling Thwarts*. Dabei handelt es sich um einen meist hölzernen Holm, der anstelle des Sitzes leicht angewinkelt eingebaut ist. Knieduchten benötigen nur wenig Platz im Boot, lassen sich leicht übersteigen und lassen dem Paddler daher viel Bewegungsspielraum.

Chines

Als Chine wird beidseitig der Bereich am Übergang vom Bootsboden zur Seitenwand bezeichnet. Je runder die Chines ausgeformt sind, desto gleichmäßiger ist das Aufkantverhalten und desto besser auch die *Sekundärstabilität* des Canoes.

Pfeile markieren die Chines des Canoes im Querschnitt

Flare und Tumblehome

Flare bedeutet so viel wie Aufweitung. Man spricht bei einem Canadier von Flare, wenn die Seitenwände nach oben hin immer weiter auseinanderlaufen, wenn also die breiteste Stelle des Querschnitts der Süllrand ist. Von *Tumblehome* spricht man dagegen, wenn das Boot nach oben hin enger wird. Die breiteste Stelle des Querschnitts ist dann unterhalb des Süllrandes.

Der Sinn des Tumblehome besteht darin, im oberen Bereich der Bordwand Platz für die Schafthand des Paddlers zu schaffen. Tumblehome bringt aber auch einige Nachteile mit sich. Es verschlechtert zum Beispiel den Trockenlauf. Um das zu kompensieren, werden die Canoes oft höher gebaut. Auch sind das Kantverhalten und die *Sekundärstabilität* bei starkem Tumblehome oft nicht optimal.

Eine Mischung aus beiden Konstruktionen stellt das *Shouldered Flare* dar. Die Seitenwände weiten sich dabei bis knapp unter die Süllränder auf und bilden dann eine relativ kantige Schulter mit nach innen versetzten Süllrändern *(Tuck-in)*.

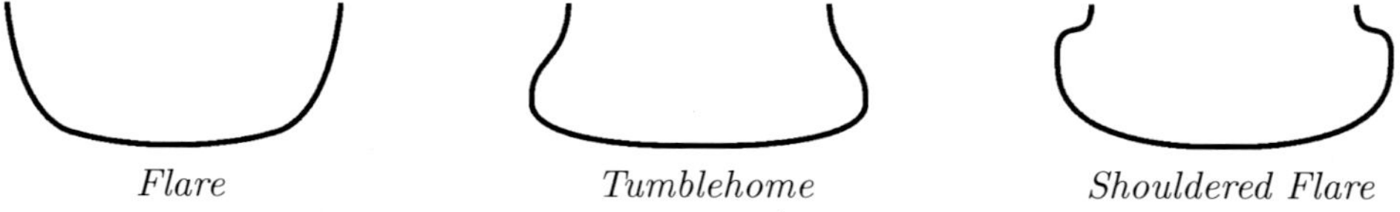

Verschiedene Ausformungen der Seitenwände bei Canadiern im Querschnitt

2.2. Teile des Paddels

Blatt

Das Paddelblatt ist der abgeflachte Teil des Paddels, der in das Wasser eingetaucht wird. Der englische Begriff lautet *Blade*.

Schulter

Die Paddelschulter ist der Bereich, in dem sich das Blatt zum Schaft des Paddels verjüngt. Sie ist so geformt, dass das Blatt unter dem Bootsrumpf hindurchpasst. Dadurch kann man das Paddel sehr bootsnah führen.

Hals

Der Hals ist der Bereich, an dem die Paddelschulter in den Schaft des Paddels übergeht.

Schaft

Der Schaft ist der stielförmige Teil des Paddels zwischen Schulter und Griff. Er kann im Querschnitt leicht oval ausgeführt sein und wird von der *Schafthand* umgriffen.

Griff

Der Griff oder Knauf am oberen Ende des Paddelschaftes ist so ausgeformt, dass er mit der Griffhand im 90°-Winkel zum Paddelschaft bequem zu greifen ist. Neben *T-Griffen* sind vor allem *Palmgriffe* (Palm = Handfläche) relevant, die ein ergonomisches Greifen in verschiedenen Winkeln erlauben.

2.3. Weitere Begriffe

Aktivseite

Als Aktivseite oder *Powerface* bezeichnet man die Seite des Paddelblattes, mit der Druck auf das Wasser ausgeübt wird.

Passivseite

Die Passivseite oder *Backface* ist die Seite des Paddelblattes, die keinen Druck auf das Wasser ausübt.

Griffhand

Die Griffhand ist die Hand des Paddlers, die den Griff des Paddels umschließt.

Schafthand

Die Schafthand ist die Hand des Paddlers, die den Schaft des Paddels umschließt.

Kontrolldaumen

Der Begriff Kontrolldaumen oder *Control Thumb* bezeichnet den ausgestreckten Daumen der Griffhand. Er ist eine Kommunikationshilfe zum Vermitteln von Paddelschlägen, die dazu dient, die Stellung der Griffhand und somit die Stellung des Paddelblattes im Wasser anzuzeigen.

Onside und Offside

Die Vorzugspaddelseite, also die Seite des Bootes, auf der der Solo-Paddler in normaler Vorwärtsfahrt sein Paddel führt, wird als *Onside* bezeichnet. Die gegenüberliegende Seite heißt *Offside*. Die Seitenbezeichnungen werden einmal festgelegt und ändern sich auch nicht, wenn der Paddler sein Paddel, beispielsweise für einen übergriffenen Schlag, zur anderen Seite führt.

Im Tandem-Canadier ist die Onside stets die Paddelseite des Bug-Paddlers. Heckpaddler paddeln dort prinzipiell auf der Offside und müssen daher etwas umdenken.

Drehpunkt

Der *Drehpunkt* bezeichnet einen Punkt, um den ein schwimmendes Canoe sich dreht. Bei einem ruhenden Boot ist der Drehpunkt dort, wo der Schwerpunkt ist. In einem Solo-Canoe ohne Gepäck befindet er sich also in etwa auf der Höhe des Paddlers, in einem Tandem-Boot zwischen den beiden Paddlern.

Bei bewegten Canoes verschiebt sich der Drehpunkt mit zunehmender Geschwindigkeit in Richtung des führenden Endes. Das kommt unter anderem daher, dass das führende Ende durch die Verdrängungswelle, die durch die Bootsbewegung entsteht, leicht fixiert wird. Den größten Einfluss auf die Position des Drehpunktes hat der *Trimm*.

Stabilität

Die *Anfangsstabilität* ist der Widerstand, den ein Canadier der Neigung zur Seite aus aufrechter Lage entgegensetzt. Hohe Anfangsstabilität wird durch einen breiten und sehr flachen Bootsboden erreicht. Eine ausgeprägte Anfangsstabilität scheint eine attraktive Eigenschaft eines Canadiers zu sein, will man sein Boot aber nicht nur zum Angeln benutzen, dann ist eine gute Sekundärstabilität weitaus wichtiger.

Die *Sekundärstabilität* ist das größte Aufrichtmoment eines Canoes gegen eine Neigung zur Seite. Die Kraft der Sekundärstabilität und der Neigungswinkel, bei dem sie erreicht wird, definieren zusammen das charakteristische Kantungsverhalten eines Bootes. Sie bestimmen, wie leicht sich ein Canoe auf die Wasseroberfläche herabneigen lässt und wie stabil man es auf der Kante halten kann. Canadier mit hoher Sekundärstabilität haben eine vergleichsweise geringere Anfangsstabilität. Sekundärstabilität erreicht man durch *Chines*, deren Rundung bis weit in den Bootsboden und die Seitenwände übergeht.

Die *Endstabilität* bezeichnet den Neigungswinkel eines Bootes, ab dem sich die aufrichtenden Kräfte in ihr Gegenteil verkehren. Ab diesem Punkt wird sich ein Boot nicht mehr von selbst aufrichten, sondern kentern, sofern der Paddler nichts dagegen unternimmt. Bei fast allen im Freestyle verwendeten Canadiern ist der Neigungswinkel der Endstabilität so groß, dass man ihn praktisch nicht erreichen kann. Bevor das Boot diesen Punkt erreicht, läuft Wasser über den Süllrand. Solange nicht sehr viel Wasser hineinläuft, bleibt das Boot immer noch stabil.

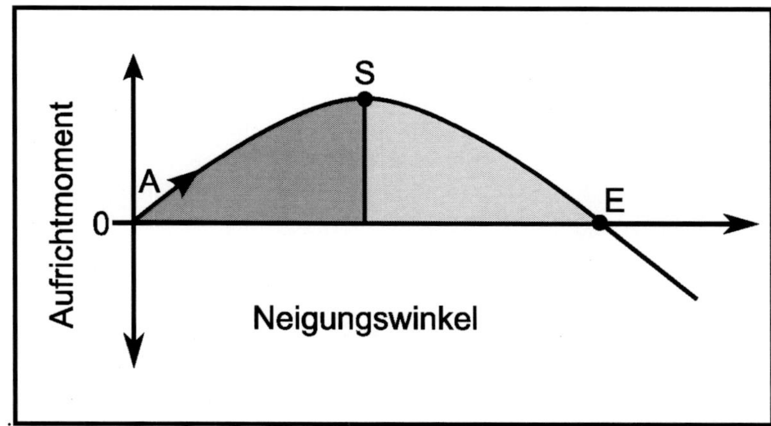

Anfangsstabilität (A), Sekundärstabilität (S) und Endstabilität (E)

Die Stabilitätskurve hängt nicht nur vom Bootsdesign ab, sondern auch vom Gewicht des Paddlers. Letztlich spielt bei der Beurteilung auch das subjektive Empfinden eine große Rolle.

Trimm

Unter Trimm versteht man die Lage eines Canoes zu seiner Querachse im Wasser. Liegt der Bug tiefer im Wasser, so spricht man von buglastigem Trimm. Bei schwererem Heck ist das Boot hecklastig. Ein ganz flach auf dem Wasser liegendes Canoe ist neutral getrimmt. Der Trimm wird besonders von der Sitzposition der Paddler und der Verteilung von eventuell vorhandenem Gepäck und Ballast bestimmt. Dadurch kann der Trimm an Wind und Strömungsbedingungen leicht angepasst werden. Bei Gegenwind ist es hilfreich, das Gewicht im Boot nach vorn zu verlagern. Dadurch wandert auch der Drehpunkt nach vorn, und der Wind hilft, das Boot in Fahrtrichtung zu stabilisieren. Einige Canoes sind darum mit verschiebbaren Sitzen versehen.

Die meisten Solo-Canoes sind durch die Position ihrer Sitze minimal hecklastig getrimmt, damit die Drehpunktverschiebung durch die Vorwärtsfahrt schon berücksichtigt ist. Änderungen am Trimm beeinflussen auch das *Carving*-Verhalten des Canadiers. Der *Pitch* bei Freestyle-Manövern ist ebenfalls eine kurzzeitige Veränderung des Trimms.

Carving

Mit Carving bezeichnet man einen Fahrzustand eines Canadiers, bei dem sich der Bootsrumpf in der Kurvenfahrt so weit stabilisiert, dass er diese selbstständig fortsetzt, solange das Boot in Bewegung gehalten wird. Carving resultiert aus einer asymmetrischen Anströmung auf den Bootsrumpf und kann sowohl gewollt eingesetzt werden als auch ungewollt auftreten. Man erreicht es durch Vorgabe einer gewünschten Kurvenrichtung aus Vorwärts- oder Rückwärtsfahrt mit einem Paddelschlag in Kombination mit dem starkem Kanten des Bootsrumpfes. Der Effekt kann durch zusätzliche Gewichtsverlagerung in Fahrtrichtung noch verstärkt werden. Der englische Begriff „carve“ bedeutet schnitzen, einritzen oder schneiden.

Bladepitch

Mit Bladepitch bezeichnet man den Anstellwinkel eines vom Wasser angeströmten Paddelblattes im Verhältnis zur Anströmungsrichtung (Nicht zu verwechseln mit dem Pitch des Bootsrumpfes). Je größer der Bladepitch, desto stärker ist die Steuerwirkung das Paddelblattes im Wasser. Je nach Fahrzustand des Bootes erhöht sich auch die Bremswirkung.

Bladeflip

Ein Bladeflip ist eine Drehung des Paddelblattes im Wasser mit einem Wechsel von *Aktivseite* und *Passivseite*. Eine Alternative zum Bladeflip ist die *Palmroll*.

Palmroll

Mit Palmroll bezeichnet man das Umgreifen der Griffhand am Paddelgriff, wobei der Kontakt der Handfläche zum Griff permanent erhalten bleibt.

Palmrolls werden besonders dort benötigt, wo verschiedene Paddelschläge miteinander kombiniert werden sollen, ohne das Paddel aus dem Wasser zu nehmen. Die *Aktivseite* des Paddelblattes ändert sich dabei nicht. Das Paddel kann sich mit einer Palmroll um 180°, mit zwei Palmrolls vollständig um die eigene Achse drehen.

Eine Alternative zu Palmrolls wären *Bladeflips*. Diese erlauben aber keine kontinuierliche Kraftübertragung und verursachen meist relativ viel Unruhe im Wasser. Da bei der Palmroll die Verankerung des Blattes im Wasser weitgehend erhalten bleiben kann, ist hier im Gegensatz zum Bladeflip oft keine neue Verankerung nötig.

Bei der Palmroll führt die Griffhand das Paddelblatt zunächst in die gewünschte Winkelstellung. Die Schafthand fixiert die Stellung, während die Griffhand sich öffnet und mit dem Paddelknauf in der Handfläche so zurückrotiert, dass sie ihn von der anderen Seite greifen kann. Mit der Handfläche kann dabei weiterhin Druck auf den Griff ausgeübt werden, sodass eine kontinuierliche Kraftübertragung möglich ist.

Palmrolls werden auch beim Geradeauspaddeln verwendet, wenn das Paddelblatt nach dem *J-Schlag* im Wasser mit einer sogenannten *Wet Recovery* zurückgeführt wird. Dabei dreht sich das Paddel bei jedem J-Schlag, und die *Aktivseite* wechselt nach der Rückführung.

Choke

Mit Choke bezeichnet man das Ändern der Griffweite durch Verschieben der Schafthand am Paddelschaft. Rutscht die Schafthand dabei näher zum Griff, so spricht man von *Choke-up*, bei der Gegenbewegung von *Choke-down*.

Chokes werden oft in Kombination mit *Bugziehschlägen*, *Heckziehschlägen* und *Bogenschlägen* benutzt. Ein Choke-up vergrößert die Reichweite und erlaubt es, das Paddel flach und das Blatt sehr weit entfernt vom Drehpunkt zu führen.

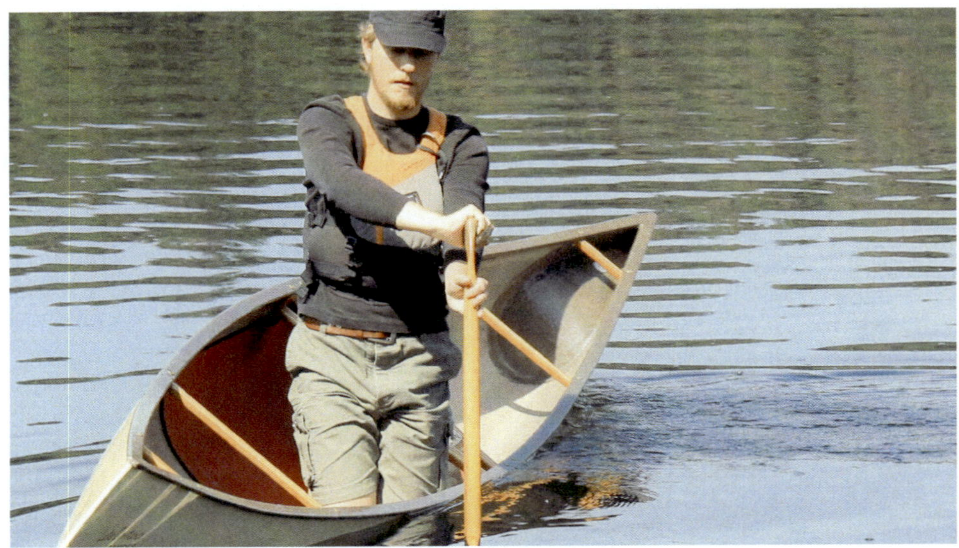

Conclusion eines Axle: Die Schafthand rutscht mit einem Choke näher zur Griffhand.

Slices

Von einem Slice spricht man, wenn das Paddelblatt weitgehend parallel zur Anströmrichtung durch das Wasser schneidet. Man unterscheidet dabei den *neutralen Slice* oder *Unloaded Slice*, bei dem das Paddelblatt mit geringstmöglichem Widerstand, also ohne *Pitch*, durch das Wasser geführt wird, und dem *Loaded Slice*, der durch einen etwas geöffneten oder geschlossenen Anströmwinkel die Vorwärts- oder Rückwärtsbewegung des Paddels in eine Seitwärts- oder Drehbewegung des Canoes umwandelt.

Loaded Slices werden zum Beispiel beim *Wriggen* oder als Ersatz für *Bugziehschläge* bei *Conclusions* von Manövern eingesetzt. Neutrale Slices finden häufige Anwendung bei Positionswechseln des Paddelblattes in Freestyle-Manövern oder als *Wet Recovery* zwischen Vorwärtsschlägen.

3. Sicherheit beim Paddeln

Paddeln ist als Wassersportart immer mit gewissen Risiken verbunden. Wenn man explizit Freestyle paddelt, findet das überwiegend in einer vergleichsweise geschützten Umgebung statt. Dennoch sollte man mögliche Gefahren im Bewusstsein behalten und sich vorausschauend und vorsichtig verhalten.

Freestyle-Paddler kentern – gerade am Anfang und bei gewagteren Manövern – immer wieder. Das ist ein Teil dieses Sports und an sich noch nicht problematisch. Gefährlich wird es, wenn zu der Kenterung noch andere Umstände hinzukommen: Niedrige Wassertemperatur, zu großer Abstand vom Ufer, Strömung, schlechtes Wetter und Schiffsverkehr können eine an sich harmlose Situation plötzlich in ein Problem verwandeln.

Die gefährlichsten Vorkommnisse sind vor allem Unterkühlung, Ertrinkungsunfälle durch Entkräftung nach einer Kenterung weit ab vom Ufer oder Kollisionen mit größeren Booten sowie Sonnenstich und Dehydrierung (Flüssigkeitsmangel). All das kommt zwar recht selten vor, kann aber dauerhafte Konsequenzen haben.

Durch vorausschauendes Verhalten, die Wahl eines geeigneten Ortes sowie eine realistische Einschätzung der Gegebenheiten, der eigenen Fähigkeiten und der Tagesform können die meisten Risiken minimiert werden. Dazu gehört das Tragen von entsprechender Kleidung, die dem Wetter und der Wassertemperatur angepasst sein muss, einer Schwimmweste und einer Kopfbedeckung, sowie die ausreichende Versorgung mit Flüssigkeit.

Jeder Paddler sollte sich mit den verschiedenen Bergungs- und Selbstrettungsmöglichkeiten auseinandersetzen und sie immer wieder üben. Auch dabei können alle guten Kursanbieter und die meisten Kanuvereine wertvolle Unterstützung leisten. Einige Wiedereinstiegsmöglichkeiten sind ab Seite 157 beschrieben.

Sicherheitstipps

- Vorausschauend denken und handeln.
- Wetter und mögliche Gefahrenquellen im Auge behalten.
- Eigene Fähigkeiten und Tagesform richtig einschätzen.
- Möglichst nicht allein paddeln.
- Sicheren Ort wählen und in Ufernähe bleiben.
- Dem Wetter und der Wassertemperatur angepasste Kleidung tragen.
- Ersatzkleidung in greifbarer Nähe haben.
- Ausreichend trinken und auf Sonnenschutz achten.
- Selbstrettungs- und Bergungstechniken immer wieder üben.

4. Wasser und das Paddelparadoxon

Als Paddler haben wir scheinbar paradoxe Anforderungen an das Wasser: Zum einen soll es dem relativ großen Bootsrumpf möglichst wenig Widerstand entgegensetzen, zum anderen soll es unserem vergleichsweise kleinen Paddelblatt einen möglichst hohen Widerstand bieten. Tatsächlich geht beides gleichzeitig, und das hat mit der Masseträgheit des Wassers zu tun.

Kanus gehören zur Bootsgattung der Verdränger. Das bedeutet, Wasser wird vom Bug beginnend zur Seite geschoben und hinter der Mitte des Kanus wieder zusammengeführt. Wie alles, was eine Masse hat, möchte Wasser am liebsten in Ruhe gelassen werden, und wenn es schon bewegt wird, dann soll dies bitteschön möglichst langsam geschehen.

Vergleichbar ist das mit dem Gang durch eine große Menschenmenge. Die einzelnen Menschen entsprechen dabei den Wassermolekülen. Würde man mit Anlauf durch den Pulk rennen, käme man wohl nicht sehr weit. Zumindest müsste man sehr viel Kraft aufwenden, um die Menschen, auf die man trifft, und deren Nachbarn beiseite zu schieben. Geht man jedoch langsam hindurch, so hat jeder genügend Zeit auszuweichen. Man kommt zwar nur langsam voran, braucht jedoch auch kaum Kraft.

Doch zurück zum Boot. Der vordere Bereich schiebt sich also wie ein Keil durch das Wasser. Je länger das Boot im Verhältnis zu seiner Verdrängung ist, desto spitzer ist der Winkel unseres Keils. Je spitzer der Keil, desto mehr Zeit hat das Wasser, um bis zur breitesten Stelle des Bootes zu gelangen, oder anders ausgedrückt, desto langsamer wird es verdrängt. Durch die besondere Form der Kanus (hinten spitz zulaufend) wird das Wasser hinter der breitesten Stelle wieder schonend zusammengeführt. Das verhindert Verwirbelungen, durch die das Boot stärker gebremst würde. Ein Kanu ist also ein sehr effizientes Gefährt.

Die Massenträgheit des Wassers wirkt sich natürlich auch auf die Handhabung des Paddels aus. Das Ziel ist nicht, das Wasser zu bewegen, sondern das Boot. Dazu braucht man irgendwo einen festen Ankerpunkt, an den man sich heranziehen oder von dem man sich wegdrücken kann. Mitten auf einem See sind solche Punkte rar, aber man kann sich kurzzeitig Ankerpunkte im Wasser erzeugen. Ein schneller Impuls mit dem Paddel bringt das Wasser nämlich dazu, dem Paddelblatt einen harten Widerstand entgegenzusetzen. Die Moleküle und ihre Nachbarn können nicht so schnell ausweichen und bieten dem Paddel einen festen Halt. Diese Tatsache kann man für sich nutzen. Mit genügend Kraft könnte man diesen Widerstand zwar auch brechen, das erkennt man daran, dass das Wasser hörbar in Wirbeln um das Paddel läuft, aber der Widerstand – und damit der Halt für das Paddel – erhöht sich dadurch nicht weiter. Die eingesetzte Kraft würde also nicht genutzt, um das Boot zu bewegen, sondern ginge verloren.

Will man schneller paddeln, dann sollte man auch genau das tun: schneller paddeln und nicht mehr Kraft einsetzen. Das würde nämlich gerade dazu führen, dass die Verankerung im Wasser mitgerissen wird, keinen guten Halt mehr bietet und den effektiven Arbeitsweg des Paddels verkürzt.

Wichtig ist natürlich auch die Paddelstellung. Sie bestimmt, in welche Richtung die Kräfte geleitet werden. Eine präzise Ausrichtung des Paddels sorgt dafür, dass es die Richtung ist, in die man sein Boot bewegen will. Effizient zu paddeln ist also eine Frage der richtigen Dosierung und Frequenz und einer sauberen Paddelführung.

Teil II.

Grundlagen der Paddeltechnik im Solo-Canadier

5. Sitzhaltung im Boot

Canadier werden beim Freestyle üblicherweise im *Dreipunktsitz* gepaddelt. Durch diese Mischung aus Sitzen und Knien befinden sich die Knie in den *Chines*, den Übergangsbereichen vom Boden zu den Seitenwänden. Die Schienbeine liegen auf dem Bootsboden und die Füße liegen mit den Fußrücken unter der Sitzbank auf dem Boden auf. Das Gesäß lehnt auf der vorderen Hälfte des Sitzes. Mit einer Kniematte werden die Beine und Füße gepolstert, was das Paddeln in dieser Position sehr angenehm macht.

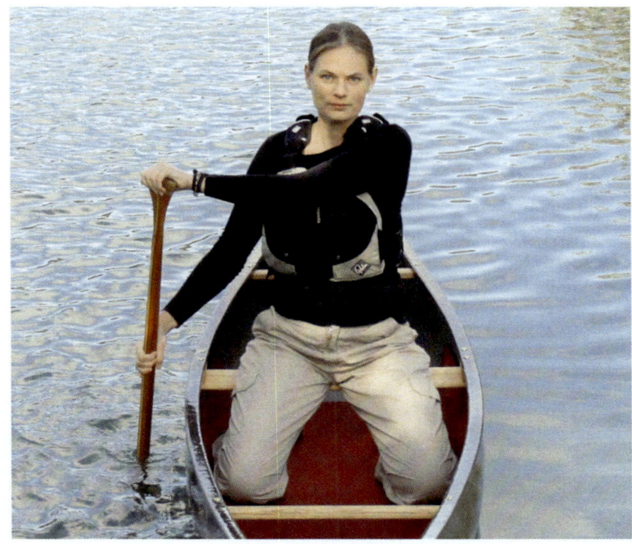

Der Dreipunktsitz bietet guten Bootskontakt und erlaubt eine natürliche Körperhaltung mit viel Bewegungsfreiheit.

Der Dreipunktsitz hat viele Vorteile. Er ist die stabilste Art, in einem Canoe zu sitzen und bietet gleichzeitig viel Bewegungsfreiheit. Der Schwerpunkt liegt tief und man hat optimalen Halt und Kontakt zum Bootsrumpf. Das Becken ist leicht nach vorne geneigt. Das entlastet die Bandscheiben und der Oberkörper kann eine natürliche, aufrechte Haltung einnehmen, die für das Paddeln mit Oberkörperrotation unerlässlich ist. In dieser Haltung ist es besonders leicht, sich einer Seite zuzuwenden. So bleiben die Arme stets vor dem Körper und Schulterverletzungen werden vermieden. Auch für die Atmung ist eine aufrechte Haltung vorteilhaft.

6. Handhabung des Paddels

6.1. Die richtige Länge

Um die passende Paddellänge zu ermitteln, hilft es, sich vor Augen zu führen, welche Bedingungen für ein körperschonendes und effizientes Paddeln erfüllt sein müssen.

Das Paddelblatt soll vollständig ins Wasser eingetaucht werden, damit es seine ganze Wirkung entfalten kann. Die Griffhand sollte nicht weit über Schulterhöhe geführt werden, um die Muskulatur nicht übermäßig zu belasten. Der Paddelschaft soll für einen normalen Vorwärtsschlag vertikal stehen, um keine unerwünschten Drehmomente zu verursachen. Daraus folgt, dass für eine adäquate Längenbestimmung einzig die Schaftlänge inklusive Griff relevant ist.

Einige Freestyle-Paddler bevorzugen einen etwas längeren Schaft. Wenn man sich während der Manöver in den Kniestand aufrichtet, befindet sich auch die Schulterpartie etwas höher.

Die genaueste Messmethode besteht darin, dass man, während man auf dem Wasser im Canoe sitzt, ein beliebiges Paddel oder einen Besenstiel senkrecht in das Wasser eintaucht, bis die Griffhand am Stielende sich zwischen Kinn- und Schulterhöhe befindet. Nimmt man das Paddel oder den Besenstiel jetzt wieder aus dem Wasser, markiert der noch trockene Teil die benötigte Schaftlänge. Bevorzugt man für das Freestyle-Paddeln eine größere Schaftlänge, so kann man dieselbe Methode im Kniestand ausführen.

Außerhalb des Wassers ist es eine annähernd genaue Messmethode, sich in sein Boot zu setzen und bei aufrechter Körperhaltung den Abstand vom Bootsboden bis zur Schulter zu messen.

Hat man auch kein Boot zu Verfügung, so kann man sich zum Beispiel auf einen Stuhl setzen und das Paddel mit dem Griff nach unten zwischen die Beine auf die Stuhlfläche stellen. Der *Paddelhals* sollte sich dann irgendwo zwischen

Nasenspitze und Haaransatz befinden, je nachdem, ob man eher einen längeren oder kürzeren Paddelschaft bevorzugt. Diese Methode ist allerdings stark von den Körperproportionen abhängig und funktioniert nicht bei jedem.

6.2. Paddelhaltung

Beim Paddeln liegt die *Griffhand* von oben auf dem Paddelgriff und umschließt ihn locker, aber sicher. Die *Schafthand* greift den Paddelschaft so, dass der Daumen auf der Griffseite des Schafts liegt.

Der optimale Griffabstand ist bei den meisten Menschen etwas mehr als schulterbreit. Allerdings überschätzt man leicht die Breite seiner Schultern. Auf keinen Fall sollte der Abstand zwischen den Händen zu groß sein: In aufrechter Körperhaltung muss man auch bei senkrecht eingetauchtem Paddel noch den Schaft vollständig mit der Schafthand umschließen können.

Die optimale Griffweite lässt sich auch durch ein Experiment bestimmen. Dazu hält man sein Paddel in der normalen Griffposition mit ausgestreckten Armen quer vor dem Körper. Ein Partner hält von hinten gegen das Paddelblatt, während man aus einer Drehung des Rumpfes versucht, ihn mit dem Paddelblatt nach hinten wegzuschieben. Ist kein Helfer verfügbar, so kann man sich auch mit einem Baum oder einer Wand behelfen. Nun wird der Griffabstand zuerst zum Blatt hin und dann zum Griff hin variiert. Dabei findet man meist eine Stelle, an der das Drücken gegen den Widerstand am wenigsten anstrengend ist. Hier ist die optimale Position für die Schafthand. Meistens ist dieser Abstand dann auch etwas breiter als schulterbreit.

Welche Methode für einen selbst geeignet ist, probiert man am besten aus. Spätestens, wenn man auf langen Touren Ermüdungserscheinungen oder sogar einen stechenden Schmerz in der Schulter bekommt, sollte man überprüfen, ob man nicht doch etwas zu breit greift.

Der Griff der Hände soll locker, aber bestimmt sein. Als passendes Bild kann man sich vorstellen, einen kleinen Vogel in der Hand zu halten. Man möchte ihn nicht zerquetschen, aber er soll auch nicht davonfliegen.

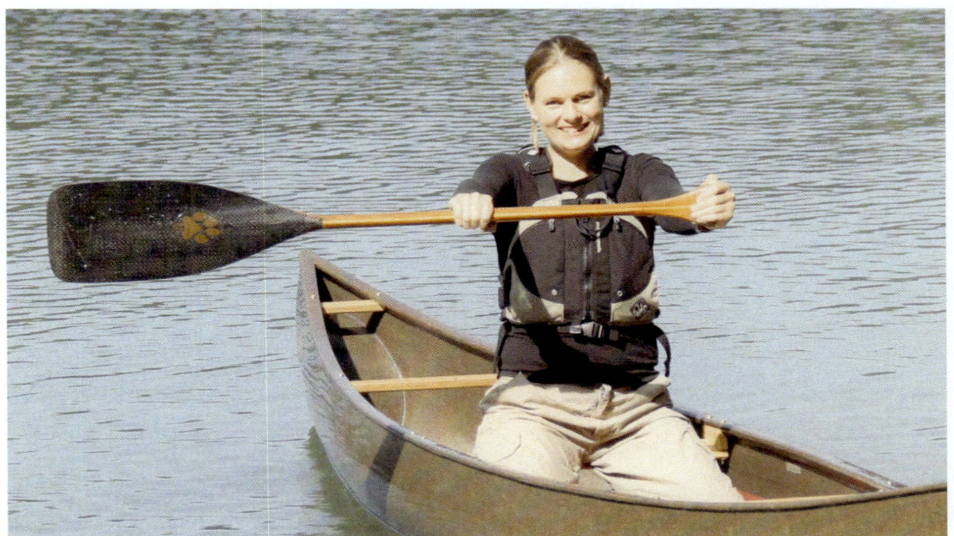

Die optimale Griffweite ist etwas weiter als schulterbreit.

7. Körperhaltung und Körpereinsatz

Über das Paddel überträgt der Körper Bewegungsenergie auf das Boot. Damit er das ohne Verletzungen und noch dazu möglichst wirksam und ohne große Verluste tun kann, ist es wichtig, ihn richtig einzusetzen.

Der Oberkörper soll normalerweise aufrecht sein. So kann sich der Brustkorb frei bewegen und man kann optimal atmen. Eine aufrechte Haltung ist aber vor allem deshalb wichtig, weil wir die Energie für die Paddelschläge mit einer Rotationsbewegung des Oberkörpers erzeugen. Dabei werden die großen Muskeln im Rumpf genutzt, die viel leistungsfähiger sind, als es die Muskulatur der Arme und Schultern ist. Mit einem gekrümmten Rücken kann sich der Rumpf nur schlecht verdrehen.

Arme, Schultern und Hände dienen als Halteapparat für das Paddel. Sie bringen zwar das Blatt in verschiedene Stellungen, aber sobald mehr Kraft im Spiel ist, haben sie eine vorwiegend passive Rolle. Die Arme sind deshalb die meiste Zeit über gestreckt. Man soll sie zwar nicht überstrecken, aber doch die Gelenke so weit fixieren, dass die Arme Paddel und Körper nur miteinander verbinden, während Letzterer das Boot unter sich dreht oder vorwärtsschiebt.

Während das Paddel entlastet ist, sollte man Arme und Schultern entspannen. So kommt es zu einem ständigen Wechselspiel zwischen Anspannung und Entspannung. Eine dauerhafte statische Beanspruchung der Muskulatur wird so vermieden. Diese könnte sonst leicht zu Verspannungen und Schmerzen führen.

Ein wichtiges Konzept ist die *Paddle-Box.* Man kann es sich so vorstellen, als befänden sich Oberkörper und ausgestreckte Arme in einer Kiste, die an den Schultern befestigt ist. Die Arme können nicht zur Seite bewegt werden, da sie sich ja an den Seitenwänden der Kiste befinden. Will man das Paddel nun zu einer seitlichen Position oder zum Heck des Bootes führen, so muss man seinen Oberkörper mitsamt der Kiste zur Seite drehen. Ziel ist es, die Arme stets vor dem Körper zu halten und nicht etwa seitlich oder gar nach hinten zu strecken. In einer solchen Position wären die Schultern extrem anfällig für böse Verletzungen.

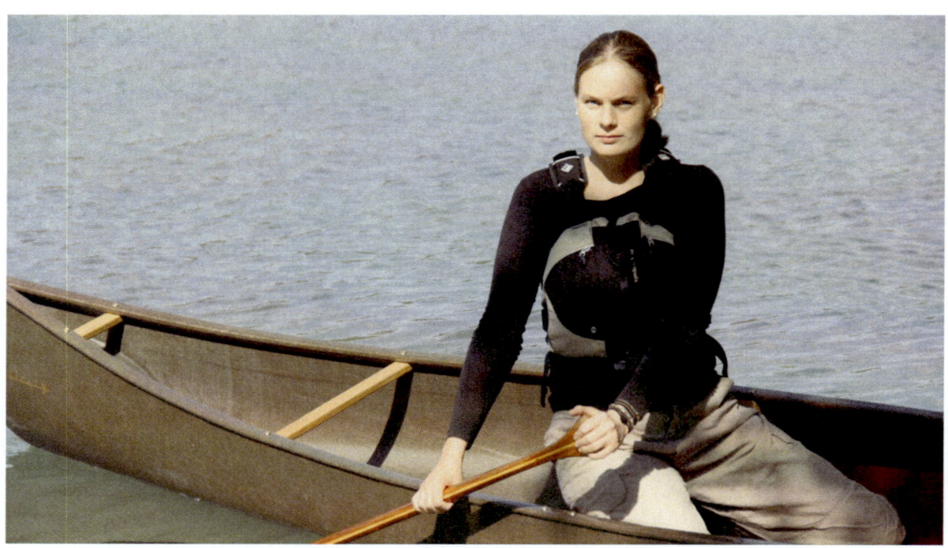

Die Schafthand sollte stets im Sichtbereich bleiben. Führt man das Paddel also nach hinten, so dreht man den Oberkörper mit.

Solange man seine Schafthand gut sehen kann, ohne den Kopf zu drehen, ist man im sicheren Bereich.

Bis auf wenige Ausnahmen geht der Oberkörper beim Paddeln nicht in Vorlage, obwohl man dadurch die Schlaglänge erhöhen könnte, denn insbesondere im Solo-Canadier überwiegen doch die Nachteile. Durch die Bewegungen des Oberkörpers wird der Schwerpunkt stark vor- und zurückverlagert. Das bringt Unruhe in den Bootslauf und macht das Paddeln ineffizient.

Für körperschonendes Paddeln sind mehrere kurze Paddelschläge besser als wenige lange (Ausnahme hiervon sind Bogenschläge). Kürzere Schläge sind zum einen effizienter, weil das Paddelblatt während der gesamten Schlaglänge optimal zur Bewegungsrichtung ausgerichtet bleibt, zum anderen erzeugen sie eine gleichförmigere Bewegung des Bootsrumpfes.

8. Paddelschläge

Mit Paddelschlägen verwandeln wir Muskelkraft in Bootsbewegung. Sowohl für den Vortrieb als auch für Richtungsänderungen benötigen wir sie. Paddelschläge sind wichtige Bestandteile aller Manöver.

Die Richtung, in die die eingesetzte Kraft wirkt, und auch die Effizienz der Kraftübertragung hängen wesentlich von der Stellung des Paddels im Wasser ab. Man kann sich das gut veranschaulichen, indem man sich einen Pfeil vorstellt, der mit einem Saugnapf auf die Mitte des Paddelblattes geklebt wird. Der Pfeil steht dann im 90°-Winkel zur Blattfläche und zeigt exakt in die Richtung, in die das Paddel wirkt. Die aus einem Paddelschlag resultierende Bootsbewegung geht in die Gegenrichtung, sofern das möglich ist. Zeigt der Kraftpfeil zum Beispiel im 45°-Winkel schräg nach unten, so kann nur die Hälfte der Kraft in eine Bootsbewegung umgesetzt werden. Die andere Hälfte der Energie wäre in Richtung nach unten wirksam und demnach also bestrebt, das Boot nach oben zu heben. Deshalb ist es wichtig, dass die Fläche der *Aktivseite* des Paddelblattes stets in die entgegengesetzte Richtung der gewünschten Bootsbewegung zeigt.

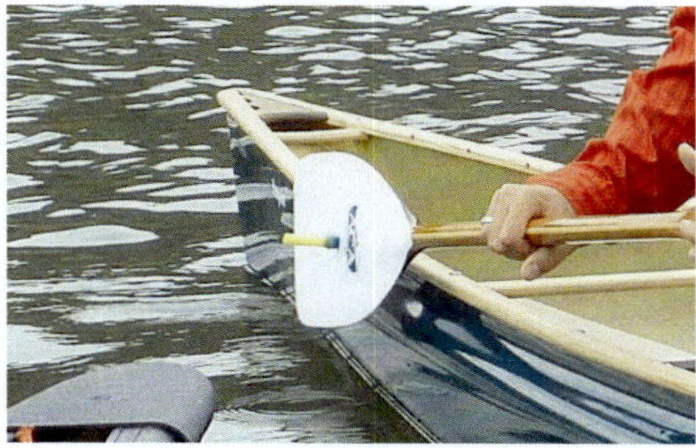

Ein imaginärer Kraftpfeil veranschaulicht, in welche Richtung das Paddelblatt wirksam wird.
Foto: Jörg Weckesser

Eine weitere wichtige Voraussetzung für die möglichst verlustfreie Kraftübertragung durch das Paddel ist, dass es vollständig eingetaucht wird. Der Paddelschlag sollte kein Plätschern verursachen. Plätschern entsteht, wenn Wasser von der *Aktivseite* zur *Passivseite* des Paddelblattes strömt. Immer wenn dies zu hören ist, geht Kraft verloren, was meist auf zwei mögliche Ursachen zurückgeht: Entweder wurde das Paddelblatt nicht ganz eingetaucht oder die eingesetzte Kraft ist für die

Blattfläche zu groß. In beiden Fällen wird das Blatt aus der Verankerung gerissen, was dann deutlich hörbar wird.

8.1. Schlagaufbau

Man kann Paddelschläge in drei wesentliche Phasen untergliedern: den *Catch* oder die *Verankerung*, die *Propulsion* oder *Vortriebsphase* und die *Recovery* oder *Rückführung*. Wie im Kapitel „Wasser und das Paddelparadoxon" (Seite 37) beschrieben, dienen *Catch* und *Propulsion* dazu, sich mit dem Paddel im Wasser für einen Moment Halt zu verschaffen und das Boot zum Paddel hin oder daran vorbei zu ziehen. Die *Recovery* führt das Paddel wieder zum Ausgangspunkt für den nächsten Schlag.

8.1.1. Verankern – Catch

Um den Catch zu verstehen, eignet sich ein kleines Experiment. Dabei greift man das Paddel mit der Griffhand unterhalb des Griffes und taucht das Blatt vollständig ins Wasser ein. Dann schlägt man mit dem Ballen der Schafthand knapp über der *Paddelschulter* kräftig gegen den Schaft. Das Paddelblatt soll dabei quer zur Schlagrichtung stehen. Je schneller der Schlagimpuls, desto weniger wird sich das Paddelblatt im Wasser von der Stelle bewegen. Diesen Effekt der Verankerung nutzt man beim Catch.

Der Catch ist also ein kurzer und schneller Impuls zu Beginn eines Paddelschlages, der das Paddel im Wasser verankert. Da der Catch die Trägheit des Wassers nutzt, kommt es dabei weniger auf die Kraft an als auf die Geschwindigkeit, mit der die Kraft eingeleitet wird.

8.1.2. Vortrieb – Propulsion

Die Propulsion oder Vortriebsphase ist die Phase, in der die Bootsbewegung erzeugt wird. Die Bewegung ist deutlich langsamer als die des Catch, und die Kraft soll genau so dosiert sein, dass das Paddel verankert bleibt. In der Vortriebsphase soll nur so lange Zug auf das Paddel ausgeübt werden, wie der Blattwinkel eine effiziente Kraftübertragung erlaubt (*Kraftpfeil*). Danach führt man das Paddel nur noch ohne Krafteinsatz weiter, bis man es aus dem Wasser heben kann.

8.1.3. Rückführung – Recovery

Die Recovery hat die Aufgabe, Paddel und Körper wieder in die Ausgangsstellung für den nächsten Paddelschlag zu bringen. Dabei soll der Bootslauf möglichst wenig gestört werden. Zur einfachsten Form der Recovery hebt man das Paddel seitlich aus dem Wasser, richtet das Paddelblatt parallel zur Wasseroberfläche aus, um dem Wind keine Angriffsfläche zu bieten, und führt es mit der Körperdrehung in einem flachen Bogen über der Wasseroberfläche nach vorn. Die Arme bleiben dabei gestreckt.

Eine Variante der Rückführung ist die *Wet Recovery*. Dabei bleibt das Paddelblatt im Wasser und wird mit einem *neutralen Slice* (Seite 34) zur Ausgangsposition zurückgeführt. Indem man es parallel zur Bewegungsrichtung des Paddels ausrichtet, wird der Widerstand im Wasser möglichst gering gehalten. Zu Beginn einer Wet Recovery verwendet man häufig eine *Palmroll* (Seite 33).

Es lohnt sich, der Recovery dieselbe Aufmerksamkeit zu widmen wie den anderen Teilen des Paddelschlages. Oft haben Probleme mit dem Catch ihre Ursache in einer nachlässigen Recovery des vorangegangenen Schlages.

8.2. Vorwärtsschlag

Der Vorwärtsschlag (englisch: *Forward Stroke*) dient dazu, das Canoe vorwärts zu bewegen.

Aus der Grundhaltung wird der Oberkörper mit gestreckten Armen leicht in Richtung der Offside vorgedreht. Er bleibt dabei möglichst aufrecht. Das Paddelblatt wird nahe neben dem Bootsrumpf vollständig in das Wasser eingetaucht. Der Kontrolldaumen zeigt nach außen, der Paddelschaft steht vertikal. Ein kurzer und schneller Impuls verankert das Blatt im Wasser (Catch). Anschließend wird der Oberkörper zur Onside gedreht, um das Canoe am Paddel vorbei zu ziehen (Propulsion). Dabei bleiben die Arme gestreckt, und die Kraft kommt aus der großen Muskulatur des Rumpfes.

Die Vortriebsphase endet fast unmittelbar, nachdem das Paddelblatt das Knie passiert hat. Das Paddel kommt seitlich aus dem Wasser und wird mit gestreckten Armen parallel zur Wasseroberfläche zum nächsten Vorwärtsschlag geführt (Recovery).

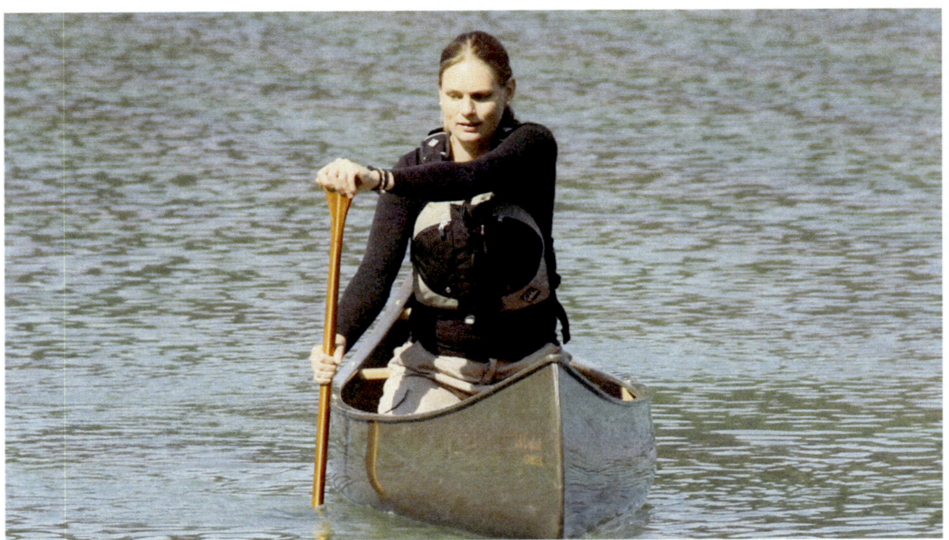

Vorwärtsschlag

Der Vorwärtsschlag verursacht, da sich das Paddel dabei neben der Kiellinie und dem Drehpunkt befindet, eine leichte Drehung des Canoes zur Offside. Daher kann man ihn auch als *Initiation* für Kurvenmanöver zur Offside (z. B. *Wedge*) verwenden. Der Drehimpuls des Vorwärtsschlages lässt sich einerseits durch bootsnahe Paddelführung und genauen Krafteinsatz beim Catch minimieren und andererseits mit Korrekturschlägen wie beispielsweise dem *J-Schlag* oder dem *Heckhebel* ausgleichen. Zum Geradeausfahren wird deshalb eine Kombination aus Vorwärts- und Korrekturschlag verwendet.

8.3. Übergriffener Vorwärtsschlag

Wie der Vorwärtsschlag versetzt der übergriffene Vorwärtsschlag (englisch: *Cross Forward Stroke*) das Canoe in eine Vorwärtsbewegung.

Allerdings wird er mit dem Paddel auf der Offside des Bootes ausgeführt. Im Gegensatz zum normalen Vorwärtsschlag wird der übergriffene Vorwärtsschlag gern als effektiver Schlag verwendet, um ein Canoe aus dem Stand heraus schnell zu beschleunigen oder um Cross-Manöver zur Onside (z. B. *Cross Wedge*) einzuleiten. Dabei wird, wie bei *Initiations* mit dem einfachen Vorwärtsschlag, der Drehimpuls genutzt, den dieser Schlag verursacht.

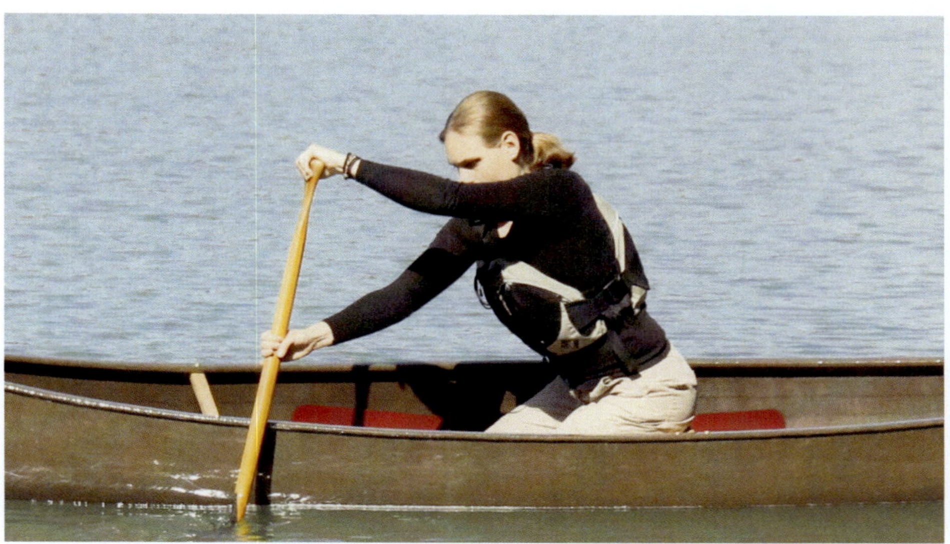

Übergriffener Vorwärtsschlag

Der übergriffene Vorwärtsschlag hat nur einen sehr kurzen Arbeitsweg und ist einer der wenigen Schläge, die nicht aus einer Körperrotation heraus erfolgen, sondern eher eine lineare Rückwärtsbewegung des Oberkörpers nutzen.

Aus der Grundstellung wird das Paddel flach mit gestreckten Armen über das Canoe geführt und neben dem Bug auf der Offside in das Wasser eingetaucht. Der Oberkörper geht dabei leicht in Vorlage. Das Paddelblatt steht quer zur Fahrtrichtung und der Kontrolldaumen zeigt zur Onside. Der Paddelschaft steht möglichst vertikal. Mit einem schnellen Impuls wird das Paddelblatt im Wasser verankert (Catch). Aus einer Rückwärtsbewegung des Oberkörpers wird das Canoe dann am Paddel vorbeigezogen beziehungsweise das Boot unter dem Körper vorwärts geschoben. Diese Vortriebsphase ist sehr kurz und endet bereits vor dem Knie. Zur Recovery wird der Kontrolldaumen nach vorn gedreht und so das Paddelblatt parallel zur Fahrtrichtung gestellt. Anschließend wird das Paddelblatt mit einem *neutralen Slice* wieder nach vorn geführt. Dort kann entweder ein weiterer Schlag angehängt werden oder das Paddel wird nach vorn aus dem Wasser gehoben, um es wieder über dem Bug zurück zur Onside zu führen.

8.4. Rudder

Der Rudder, zu deutsch Ruder, ist ein sehr einfacher und extrem effizienter Korrektur- und Steuerschlag. Nachteilig bei der Verwendung als Korrekturschlag ist, dass der Rudder Zeit braucht, um seine Wirkung zu entfalten, deshalb sind mit ihm keine hohen Schlagfrequenzen und Geschwindigkeiten möglich. Neben seiner Verwendung als Korrekturschlag findet er auch Anwendung, um die Geradeausfahrt des Canadiers, zum Beispiel vor einem *Sideslip*, sicherzustellen, ohne dabei viel Fahrt zu verlieren.

Zum Rudder wird das Paddel im Anschluss an einen Vorwärtsschlag nach hinten neben das Heck geführt. Dabei wird der Kontrolldaumen nach oben gedreht und das Paddelblatt so in eine vertikale Stellung gebracht. Wie beim Ruder eines Segelbootes bewirkt das anströmende Wasser eine Kurskorrektur. Der Winkel des Paddels zur Kiellinie kann dabei nach Bedarf variiert werden, um eine entsprechende Steuerwirkung zur Onside oder zur Offside zu erzielen. Auch beim Rudder ist es sehr wichtig, darauf zu achten, dass das Paddelblatt vollständig in das Wasser eingetaucht ist, da er sonst seine Wirkung nicht entfalten kann.

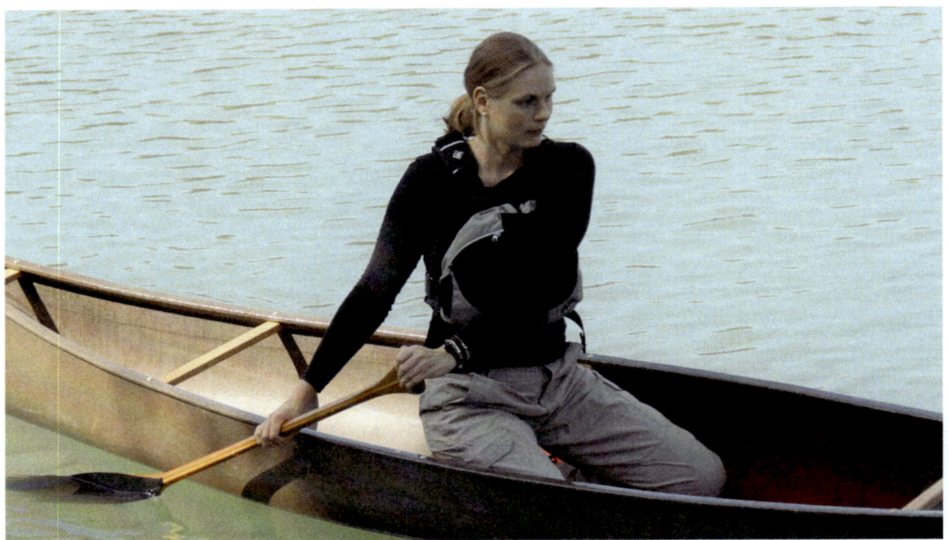

Rudder als Korrekturschlag

8.5. J-Schlag

Der J-Schlag (englisch: *J-Stroke*) ist ein sehr effizienter Korrektur- und Steuerschlag. Als erweiterter *Vorwärtsschlag* wird er für die Geradeausfahrt, aber auch zur *Initiation* von Freestyle-Manövern zur Onside verwendet. Seinen Namen trägt er, weil es von oben betrachtet so aussieht, als bewegte sich das Paddel auf einer J-förmigen Bahn am Boot entlang.

Der erste Teil des J-Schlages ist ein normaler *Vorwärtsschlag*. Etwa auf Kniehöhe beginnend wird der Kontrolldaumen nach unten gedreht. Die Oberkörperdrehung führt dabei das Paddel weiter nach hinten und die *Aktivseite* des Paddelblattes dreht sich vom Bootsrumpf weg. Dabei wird gerade so viel Kraft nach außen geleitet, dass die durch den Vorwärtsschlag verursachte Kursabweichung ausgeglichen wird. Verwendet man den J-Schlag für Kurven zur Onside, so fällt die Seitwärtsbewegung am Ende des Schlages etwas kräftiger aus.

Zur Recovery hebt man das Paddel seitlich aus dem Wasser und führt es mit gestreckten Armen in einem Bogen flach über dem Wasser nach vorn zum nächsten Schlag. Alternativ kann das Paddelblatt auch mit einer *Wet Recovery* im Wasser wieder nach vorn geführt werden.

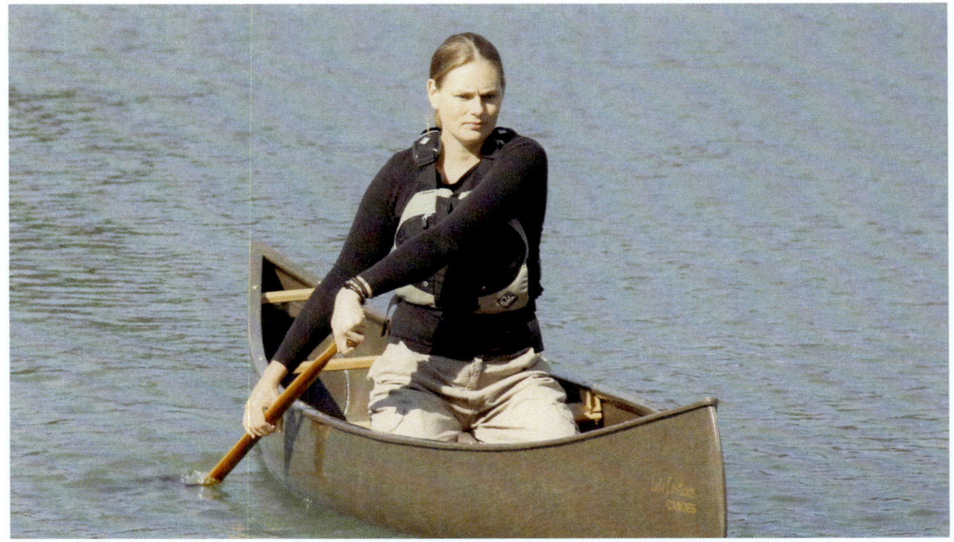

J-Schlag

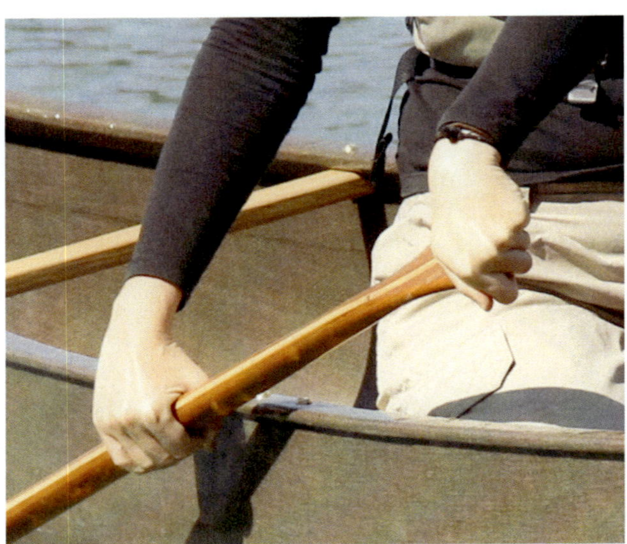

Griffhand beim J-Schlag, der Kontrolldaumen zeigt nach unten.

Der Trick, der einen J-Schlag hocheffizient macht, besteht darin, den Catch des Vorwärtsschlages und die Korrektur am Ende des Schlages präzise aufeinander abzustimmen. Zu Beginn des Schlages soll möglichst wenig Korrekturbedarf aufkommen, damit die Korrektur am Ende des Schlages minimiert werden kann. Im Idealfall wird sie so abgestimmt, dass sie schon etwa die Hälfte des Korrekturbedarfs berücksichtigt, den der folgende Vorwärtsschlag verursachen wird. Wenn diese Abstimmung gelingt, dann ist auch bei der Verwendung des J-Schlages als Initiation keine verstärkte Korrektur nötig. Das Weglassen des Folgeschlages reicht für die Vorgabe der Manöverrichtung vollkommen aus.

8.6. Bogenschlag

Der Bogenschlag (englisch: *Sweep*) dreht das Canoe auf einer bogenförmigen Bahn zur Offside. Er lässt sich gut für Richtungsänderungen unter Fahrt, aber auch zur *Initiation* von Kurvenmanövern zur Offside (z. B. *Wedge*) nutzen.

Wie beim Vorwärtsschlag wird der Oberkörper leicht zur Offside vorgedreht. Das Paddelblatt wird in möglichst großem Abstand vom Körper so neben dem Bug in das Wasser eingetaucht, dass die Blattfläche fast parallel zur Bordwand steht. Der Kontrolldaumen zeigt nach oben, die Arme sind möglichst gestreckt. Anschließend wird das Paddelblatt mit einem kleinen Impuls verankert (Catch) und

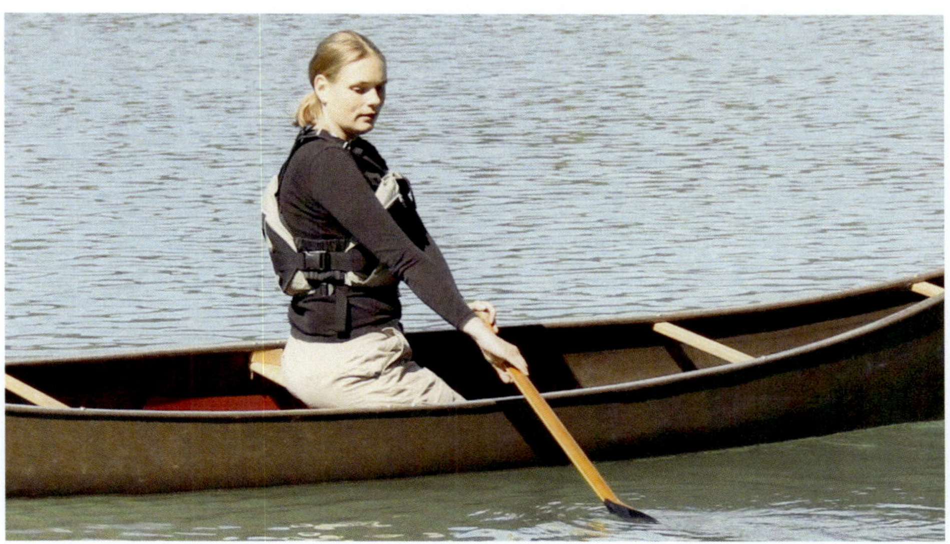

Bogenschlag: Das Paddel wird möglichst flach geführt.

das Canoe aus einer Drehung des Oberkörpers auf einer Kreisbahn vom Paddel weggeschoben. Dabei sieht es so aus, als würde das Paddel sehr flach in einem weiten Halbkreis nach hinten geführt.

Zur Recovery wird das Paddel aus dem Wasser gehoben und der Kontrolldaumen nach außen gedreht. Danach wird das Paddel parallel zur Wasseroberfläche mit gestreckten Armen und in einem weiten Bogen wieder nach vorn geführt.

8.7. Rückwärts-Bogenschlag

Der Rückwärts-Bogenschlag (englisch: *Reverse Sweep*) dreht das Canoe auf einer bogenförmigen Bahn zur Onside. Er lässt sich gut für Richtungsänderungen aus der Rückwärtsfahrt, aber auch zur *Initiation* von Reverse-Kurvenmanövern zur Offside (z. B. *Reverse Wedge*) nutzen.

Zum Rückwärts-Bogenschlag wird der Oberkörper nach hinten gedreht, sodass die Schultern fast parallel zum Süllrand des Bootes stehen. Dann wird das Paddelblatt parallel zur Bordwand dicht neben dem Heck eingetaucht. Der Paddelschaft steht dabei möglichst horizontal und der Kontrolldaumen zeigt nach oben. Das Paddelblatt wird mit einem kleinen Impuls verankert (Catch) und das Canoe aus

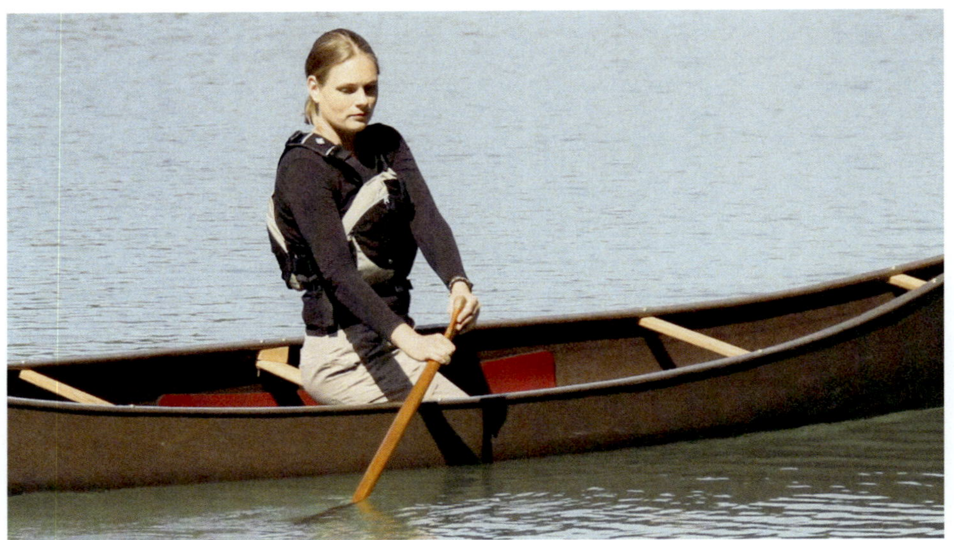

Rückwärts-Bogenschlag

einer Drehung des Oberkörpers nach vorn auf einer Kreisbahn vom Paddel weggeschoben. Dabei sieht es so aus, als würde das Paddel sehr flach in einem Halbkreis nach vorn geführt.

Zur Recovery wird das Paddel neben dem Bug aus dem Wasser gehoben und der Kontrolldaumen nach vorn gedreht. Danach wird das Paddel parallel zur Wasseroberfläche mit gestreckten Armen und in einem weiten Bogen wieder nach hinten zum Heck geführt.

8.8. Hebel

Der Hebel (englisch: *Pry*) ist ein sehr kraftvoller Schlag mit kurzem Arbeitsweg, der dem seitlichen Versetzen des Canadiers zur Offside dient. Gelegentlich wird er auch als sogenannter *Righting Pry (Aufrichthebel)* zur Vermeidung von Kenterungen genutzt, wobei das Boot seitlich, zur Offside, unter den Körper geschoben wird.

Für den Hebel wird der Paddelschaft etwa auf Körperhöhe seitlich am Süllrand des Bootes angelegt. Der Kontrolldaumen zeigt nach hinten, das Paddelblatt ist parallel zur Bordwand ausgerichtet. Der Daumen der Schafthand liegt am inne-

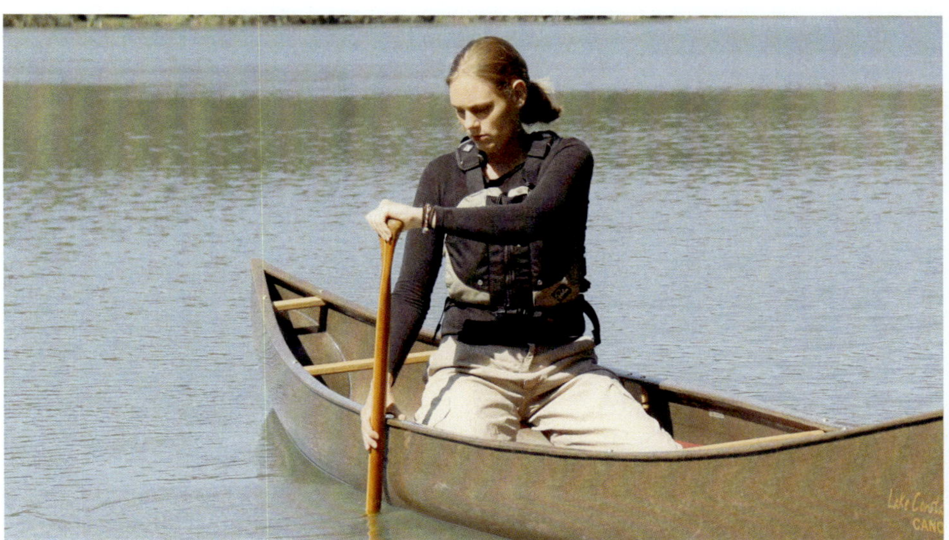

Hebel: Die Finger halten den Paddelschaft, der Daumen fixiert ihn am Süllrand. Um Quetschungen zu vermeiden, sollte man die Schafthand nicht zu dicht am Paddelschaft halten.

ren Süllrand an, während die übrigen Finger den Paddelschaft locker am äußeren Süllrand fixieren. Dieser dient nun als Widerlager für den Hebelschlag. Es ist wichtig, darauf zu achten, dass man die Haut zwischen Daumen und Zeigefinger der Schafthand in genügendem Abstand zum Paddelschaft hält, da es sonst leicht zu schmerzhaften Quetschungen kommen kann. Alternativ kann man die Schafthand auch mit einigem Abstand oberhalb des Süllrandes führen.

Zur Ausführung des Hebels zieht die Griffhand den Paddelgriff unter Einsatz des Oberkörpers mit einem kurzen Impuls in Richtung des Paddlers. Die eingesetzte Kraft wird über den Süllrand umgelenkt und drückt das Canoe seitlich weg. Da diese Bewegung eine Hebelbewegung ist, fällt der effektive Arbeitsweg sehr kurz aus. Bei zu langem Arbeitsweg würde die Kraft nicht mehr zur Seite, sondern nach oben wirken.

Zur Recovery wird der Kontrolldaumen nach außen gedreht, sodass das Paddelblatt dem seitlich gleitenden Boot keinen Widerstand entgegensetzt. Dann wird die Griffhand wieder nach außen geführt und das Paddelblatt schneidet durch das Wasser zurück an seine Ausgangsposition. Zum nächsten Hebel wird der Kontrolldaumen wieder nach hinten in seine Ausgangsstellung gedreht. Der Kontakt des Paddelschaftes zum Süllrand bleibt die ganze Zeit erhalten.

Um den Wasserwiderstand am Rumpf zu vermindern, kann man den Süllrand auf der Seite, zu der das Canoe sich hinbewegt, durch Gewichtsverlagerung leicht anheben.

Legt man das Paddel nur am Boot an, ohne tatsächlich eine Zugbewegung auszuführen, so nennt man dies einen *statischen Hebel* oder *Jam*. Die führende Blattkante wird dabei unter Fahrt leicht zum Boot gedreht. Der statische Hebel wird beispielsweise beim *Sideslip* (Seite 133) verwendet.

8.9. Heckhebel

Der Heckhebel (englisch: *Stern Pry*) ist ein effektiver Steuerschlag, der das Heck des Canadiers zur Offside drückt. Er wird sowohl für Kurven zur Onside als auch als einfach erlernbarer Korrekturschlag zum Geradeausfahren verwendet.

Für den Heckhebel wird der Oberkörper zur Onside gedreht. Das Paddelblatt wird am Heck parallel zur Bordwand in das Wasser eingetaucht, der Ballen der Schafthand ruht etwa auf Höhe des Beckens auf dem Süllrand. Der Kontrolldaumen zeigt nach oben.

Mit einem kurzen Impuls zieht die Griffhand den Paddelgriff zum Körper hin. Die eingesetzte Kraft wird über den Süllrand umgelenkt, wodurch das Paddelblatt das Canoe zur Offside drückt.

Durch Absenken der Griffhand wird das Paddelblatt aus dem Wasser gehoben. Danach führt die Griffhand das Griffende des Paddels wieder nach außen, und das Paddelblatt kann wieder neben dem Heck eingetaucht werden. Alternativ wird es aus dem Wasser gehoben, der Kontrolldaumen nach außen gedreht und das Paddel zum nächsten Schlag geführt.

Da auch der Heckhebel nicht auf einer linearen Bewegung, sondern auf einer Umlenkung basiert, ist der effektive Arbeitsweg kurz, sonst würde er, ähnlich wie ein *Rückwärts-Bogenschlag*, eine Rückwärts- anstelle einer Seitwärtsbewegung auslösen.

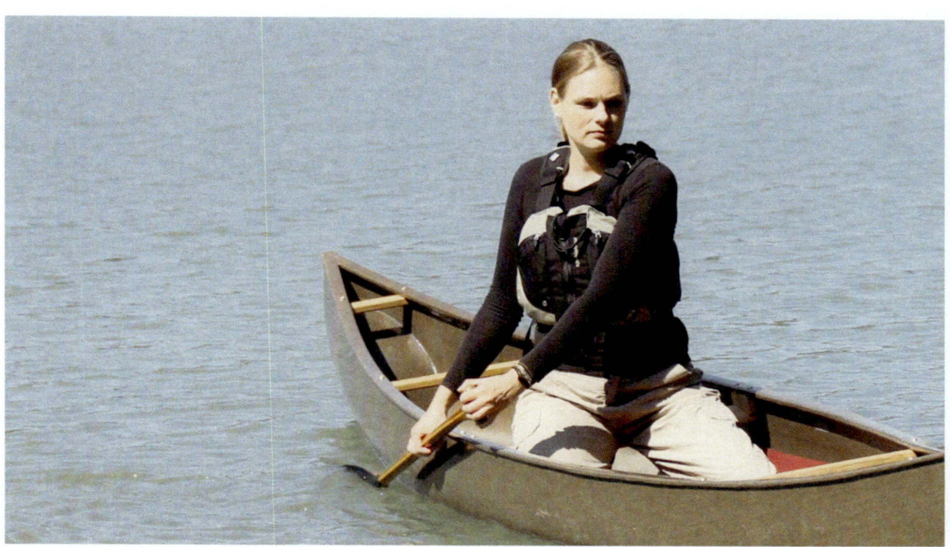

Heckhebel: Der Süllrand bildet das Widerlager für die Hebelbewegung des Paddelschaftes

8.10. Heckdrückschlag

Der Heckdrückschlag (englisch: *Stern Pushaway*) ist ebenfalls ein einfacher Schlag, der das Heck des Canoes zur Offside schiebt. Genau wie der *Heckhebel* wird er gern für Kurven zur Onside oder als leicht erlernbarer Korrekturschlag zum Geradeausfahren verwendet.

Der Oberkörper wendet sich der Arbeitsseite zu, und das Paddelblatt wird am Heck parallel zur Bordwand in das Wasser eingetaucht. Der Kontrolldaumen zeigt nach oben. Im Unterschied zum Heckhebel wird die Schafthand jedoch nicht auf dem Süllrand abgelegt und es findet keine Hebelwirkung statt. Vielmehr wird das Paddel aus einer leichten Vorwärtsdrehung des Oberkörpers nach außen geführt. Dadurch drückt das Paddelblatt das Heck des Canoes in einer linearen Bewegung zur Offside. Deshalb kann beim Heckdrückschlag der Arbeitsweg auch etwas länger sein.

Anschließend wird das Paddel aus dem Wasser gehoben und zum nächsten Schlag geführt.

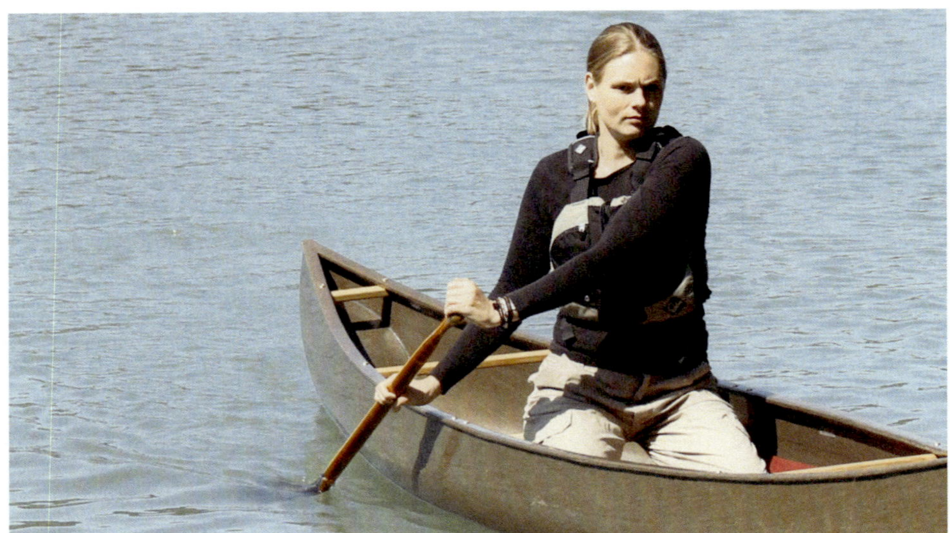

Heckdrückschlag: Im Gegensatz zum Heckhebel wird die Schafthand nicht aufgelegt und der Arbeitsweg verläuft eher linear zur Seite.

Im Gegensatz zum Heckhebel kann man beim Heckdrückschlag nicht so viel Kraft aufwenden. Der lineare Arbeitsweg macht ihn aber deutlich effizienter, und so ist er bei geringem Kraftbedarf dem Heckhebel als Korrekturschlag vorzuziehen.

8.11. Ziehschlag

Der Ziehschlag (englisch: *Draw*) dient dem seitlichen Versetzen des Canoes zur Onside. Er kommt aber auch bei der *hohen Paddelstütze* zum Einsatz.

Für den Ziehschlag wendet sich der Oberkörper zur Onside, und das Paddelblatt wird mit etwas Abstand vom Bootsrumpf etwa auf Höhe des Beckens parallel zur Bordwand eingetaucht. Der Kontrolldaumen zeigt nach hinten und der Paddelschaft steht vertikal. Mit einem kurzen Impuls wird das Paddelblatt im Wasser verankert (Catch) und das Canoe aus einer Rumpfbewegung zum Paddel hingezogen. Die Vortriebsphase endet mit etwas Abstand zum Bootsrumpf, sodass dieser nicht gegen das Paddel treibt.

Zur Recovery wird die Griffhand nach vorn abgesenkt und das Paddelblatt mit einer schneidenden Bewegung hinten aus dem Wasser gehoben. Anschließend wird das Paddel zum nächsten Ziehschlag vom Bootsrumpf weggeführt und wieder vertikal gestellt. Alternativ behält man gleich die vertikale Stellung des Paddelschaftes bei und dreht den Kontrolldaumen nach außen. Dadurch wird das Paddelblatt parallel zur Bewegungsrichtung des Bootes gestellt und kann im Wasser zum nächsten Ziehschlag geführt werden.

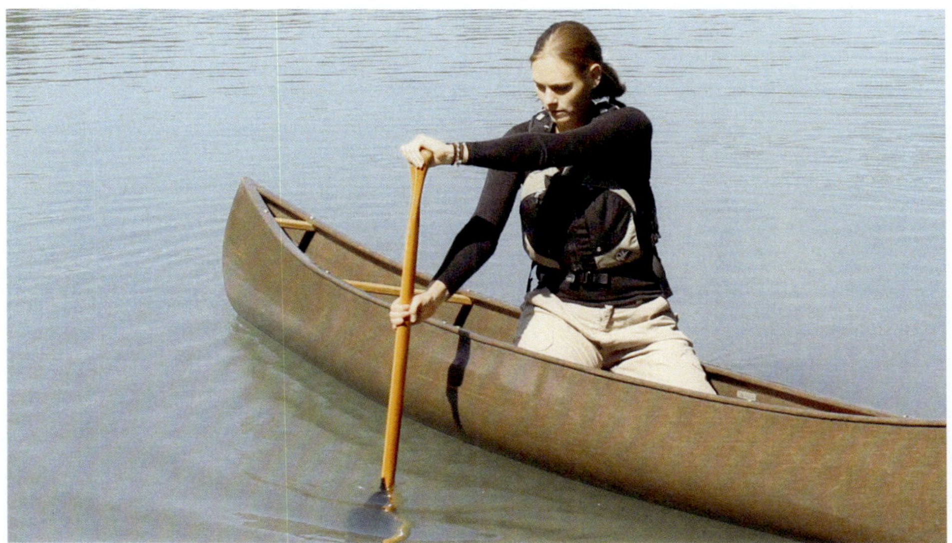

Ziehschlag

Um den Wasserwiderstand am Rumpf zu vermindern, kann man durch Gewichtsverlagerung den Süllrand auf der Seite, zu der das Canoe sich hinbewegt, leicht anheben.

Verwendet man den Ziehschlag unter Fahrt, ohne das Canoe aktiv zum Paddel heranzuziehen, so nennt man dies einen *statischen Ziehschlag*. Die führende Blattkante wird dabei leicht vom Boot weggedreht. Statische Ziehschläge werden unter anderem bei *Sideslips* (Seite 133) verwendet.

8.12. Übergriffener Ziehschlag

Der übergriffene Ziehschlag (englisch: *Cross Draw*) dient dem seitlichen Versetzen des Canoes zur Offside.

Zum übergriffenen Ziehschlag wird das Paddel über das Boot zur Offside geführt. Der Oberkörper wendet sich der Arbeitsseite zu, und das Paddelblatt wird mit etwas Abstand vom Bootsrumpf parallel zur Bordwand etwa auf Höhe des Beckens eingetaucht. Der Kontrolldaumen zeigt nach vorn und der Paddelschaft steht vertikal. Mit einem kurzen Impuls wird das Paddelblatt im Wasser verankert (Catch) und das Canoe aus einer Bewegung des Oberkörpers zum Paddel hingezogen. Die

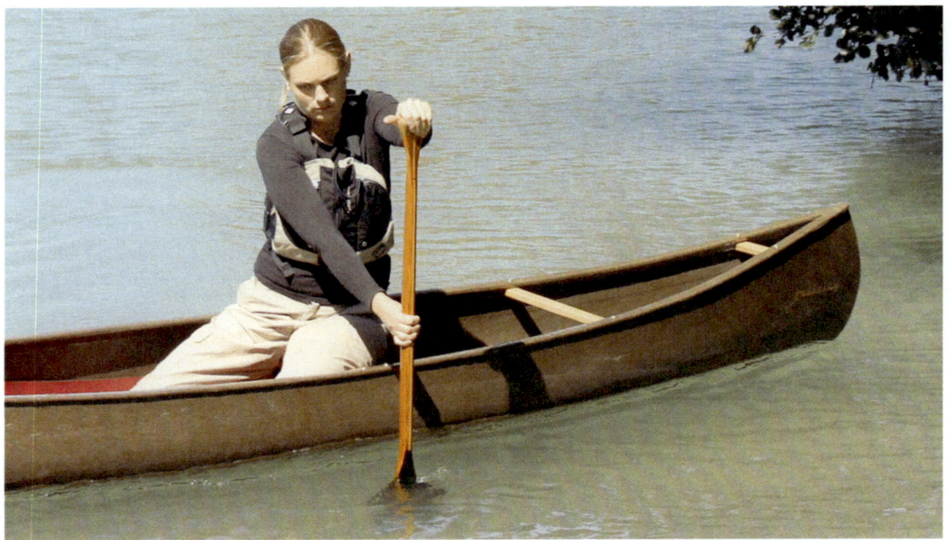

Übergriffener Ziehschlag

Vortriebsphase endet mit etwas Abstand vom Bootsrumpf, sodass dieser nicht gegen das Paddel treibt.

Zur Recovery wird die Griffhand nach hinten abgesenkt und das Paddelblatt vorn aus dem Wasser gehoben. Anschließend wird das Paddel zum nächsten Schlag geführt. Alternativ behält man die vertikale Stellung des Paddelschaftes bei und dreht den Kontrolldaumen nach innen. Dadurch wird das Paddelblatt parallel zur Bewegungsrichtung des Bootes gestellt und kann im Wasser zum nächsten Ziehschlag geführt werden.

Um den Wasserwiderstand am Bootsrumpf zu verringern, wird der in Fahrtrichtung gelegene Süllrand leicht angehoben.

Genau wie den *Ziehschlag* kann man auch den übergriffenen Ziehschlag unter Fahrt in seiner statischen Variante ausführen.

8.13. Bugziehschlag

Der Bugziehschlag (englisch: *Bow Draw*) zieht den Bug des Canoes zur Onside. Er wird häufig für den Abschluss von Freestyle-Manövern verwendet.

Zunächst wendet sich der Oberkörper leicht zur Onside. Mit etwas Abstand wird das Paddelblatt neben dem Bug in das Wasser eingetaucht. Dabei ist der Schaftarm leicht angewinkelt und die Griffhand ruht auf dessen Oberarm. Der Kontrolldaumen weist nach unten, und das Paddelblatt steht parallel zur Bordwand.

Mit einem kurzen Impuls wird das Paddelblatt im Wasser verankert (Catch) und der Bug aus einer kurzen Drehbewegung des Oberkörpers zum Paddel hingezogen. Im Vergleich zum Rückwärts-Bogenschlag ist der Arbeitsweg sehr viel kürzer und die Zugbewegung hier möglichst linear. Die Vortriebsphase endet so weit vor der Bordwand, dass das Canoe nicht gegen das Paddel treibt.

Zur Recovery wird das Paddel neben dem Bug aus dem Wasser gehoben und wieder nach außen zum nächsten Schlag geführt.

Auch beim Bugziehschlag bleibt der Oberkörper in seiner aufrechten Haltung. Da der Drehpunkt des Bootes mit dem Schwerpunkt mitwandert, ist es nicht sinnvoll, in Vorlage zu gehen, um die Reichweite zu vergrößern. Im Freestyle verwendet man stattdessen *Chokes*, um die Reichweite zu erhöhen.

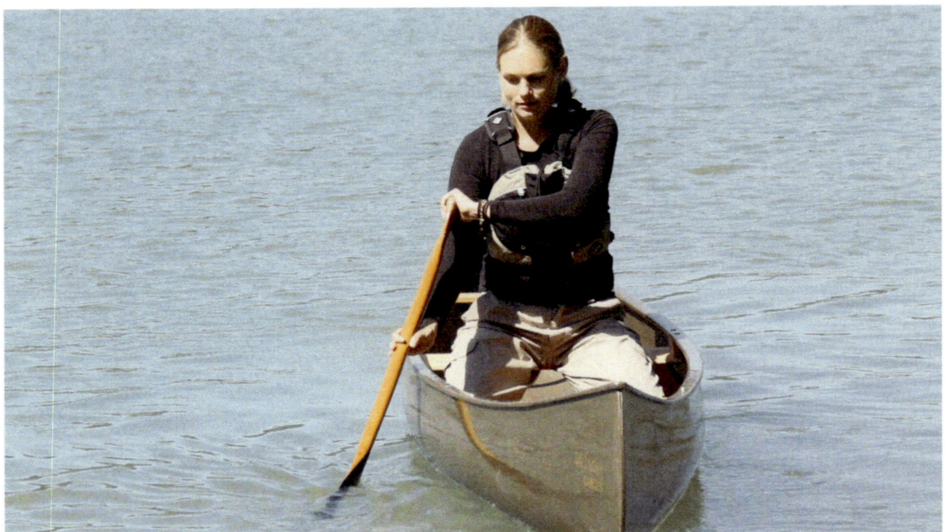

Bugziehschlag: Die Griffhand liegt auf dem Oberarm. Aus Sicherheitsgründen sollte sie sich niemals vor dem Kopf oder dem Körper befinden.

8.14. Übergriffener Bugziehschlag

Der übergriffene Bugziehschlag (englisch: *Cross Bow Draw*) zieht den Bug des Canadiers zur Offside. Im Freestyle wird er häufig zum Abschluss von Manövern auf der Offside verwendet.

Das Paddel wird über den Bug zur Offside geführt, und der Oberkörper wendet sich der Arbeitsseite zu. Dann wird das Paddelblatt parallel zur Bordwand mit etwas Abstand neben dem Bug eingetaucht. Der Griffarm ist dabei angewinkelt und die Griffhand befindet sich unter Schulterhöhe, der Kontrolldaumen zeigt nach oben. Der Schaftarm bleibt gestreckt.

Mit einem kurzen Impuls wird das Paddelblatt im Wasser verankert (Catch) und der Bug des Bootes aus einer kurzen Drehbewegung des Oberkörpers zum Paddel hingezogen. Die Vortriebsphase endet so weit vor dem Rumpf, dass das Canoe nicht gegen das Paddel treibt.

Zur Recovery wird das Paddelblatt neben dem Bug aus dem Wasser gehoben und zum nächsten Schlag geführt.

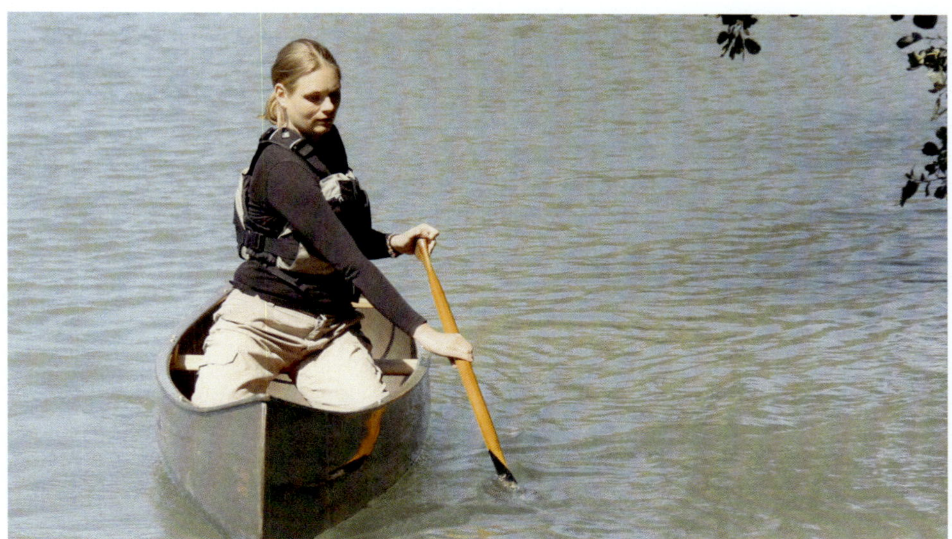

Übergriffener Bugziehschlag

Auch bei diesem Schlag ist der Arbeitsweg relativ kurz und die Zugbewegung möglichst linear.

Genau wie beim Bugziehschlag bleibt auch bei der übergriffenen Variante der Oberkörper in seiner aufrechten Haltung.

8.15. Heckziehschlag

Der Heckziehschlag (englisch: *Stern Draw*) zieht das Heck des Canoes zur Onside. Er wird gern als Steuerschlag und für Kurven zur Offside verwendet. Im Freestyle dient er häufig zum Abschluss von Reverse-Manövern.

Beim Heckziehschlag wendet sich der Oberkörper zur Onside, und das Paddelblatt wird mit etwas Abstand zum Rumpf parallel zur Bordwand neben dem Heck des Canoes in das Wasser eingetaucht. Die Arme sind gestreckt und der Kontrolldaumen zeigt nach oben.

Mit einem kurzen Impuls wird das Paddelblatt im Wasser verankert (Catch) und das Heck des Bootes aus einer kurzen Drehbewegung des Oberkörpers zum Pad-

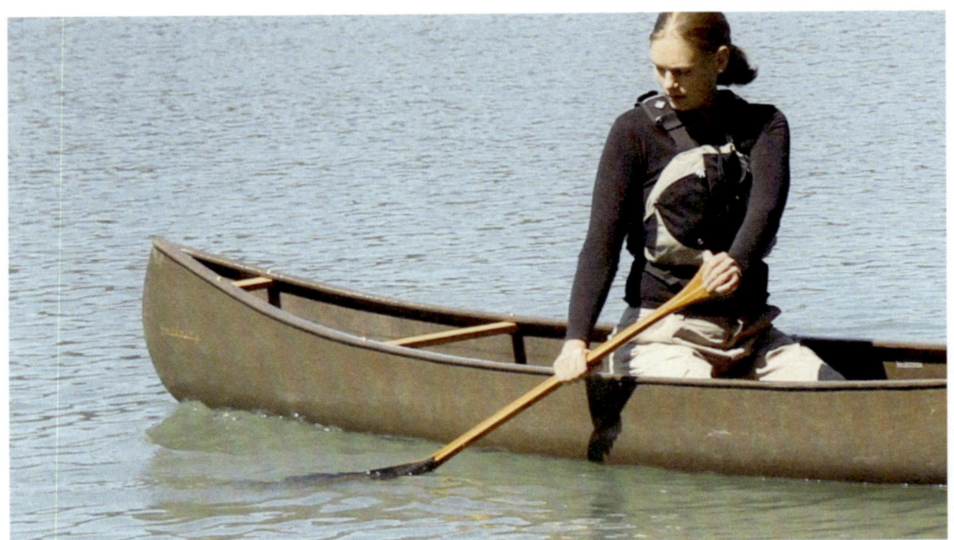

Heckziehschlag

del hingezogen. Die Vortriebsphase endet rechtzeitig, bevor das Canoe gegen das Paddel treibt.

Zur Recovery wird das Paddelblatt nach oben aus dem Wasser gehoben und zum nächsten Schlag nach außen geführt.

Auch beim Heckziehschlag ist der Arbeitsweg relativ kurz und die Zugbewegung möglichst linear.

8.16. Rückwärtsschlag

Der Rückwärtsschlag (englisch: *Back Stroke*) dient dazu, das Canoe rückwärts zu bewegen. Er wird aber auch zum Abbremsen aus der Vorwärtsfahrt oder zur *Initiation* von Rückwärtsmanövern zur Offside verwendet. Dabei macht man sich zunutze, dass er genau wie ein Vorwärtsschlag ohne Korrektur eine leichte Kurve zur Offside verursacht.

Zu Beginn des Schlages wird der Oberkörper leicht zur Onside gedreht. Das Paddelblatt wird etwa auf Hüfthöhe mit einem seitlichen *Slice* eingetaucht. Die Arme sind gestreckt. Mit einem schnellen Impuls (Catch) verankert man das Paddel im

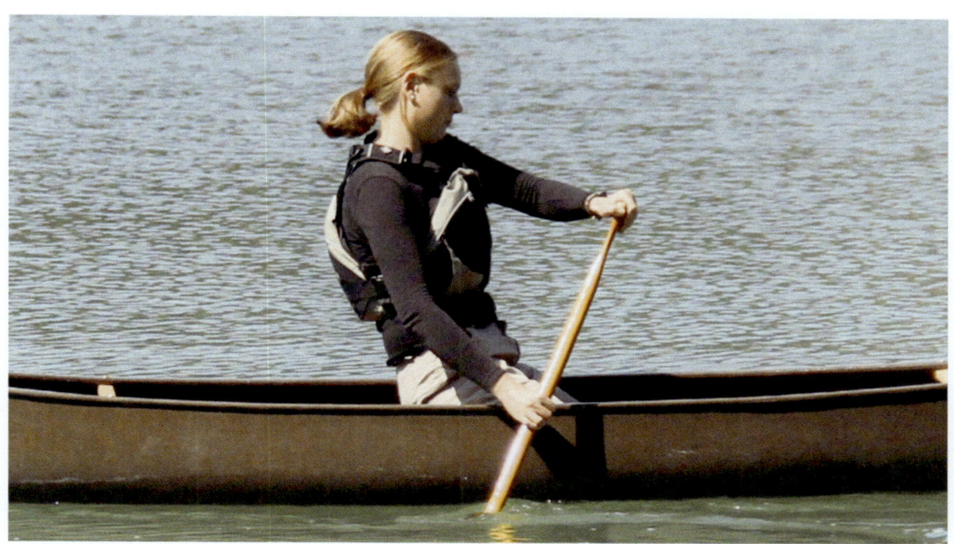

Rückwärtsschlag

Wasser und schiebt aus einer Drehung des Oberkörpers nach vorn das Boot am Paddel vorbei nach hinten. Dabei soll der Paddelschaft parallel zur Kiellinie möglichst senkrecht und bootsnah geführt werden. Die Vortriebsphase endet, wenn das Paddel etwa auf Kniehöhe angekommen ist.

Zur Recovery hebt man das Paddelblatt seitlich aus dem Wasser, dreht den Kontrolldaumen nach vorn und führt das Paddel mit gestreckten Armen und einer Drehung des Oberkörpers nach hinten zum nächsten Rückwärtsschlag.

8.17. Rückwärts-J-Schlag

Genau wie der J-Schlag den Vorwärtsschlag um eine Korrektur erweitert, ist der Rückwärts-J-Schlag (englisch: *Reverse J*) eine Erweiterung des Rückwärtschlages. Man verwendet ihn, um geradeaus rückwärts zu fahren oder zur Initiation von Rückwärtsmanövern zur Onside.

Der Rückwärts-J-Schlag beginnt mit einem normalen Rückwärtsschlag. Am Ende der Vortriebsphase wird der Kontrolldaumen nach hinten gedreht und das Paddelblatt weiter zum Bug geführt. Dabei dreht sich die Aktivseite vom Boot weg nach außen und die Griffhand befindet sich etwa über dem Ellenbogen des Schaftarms.

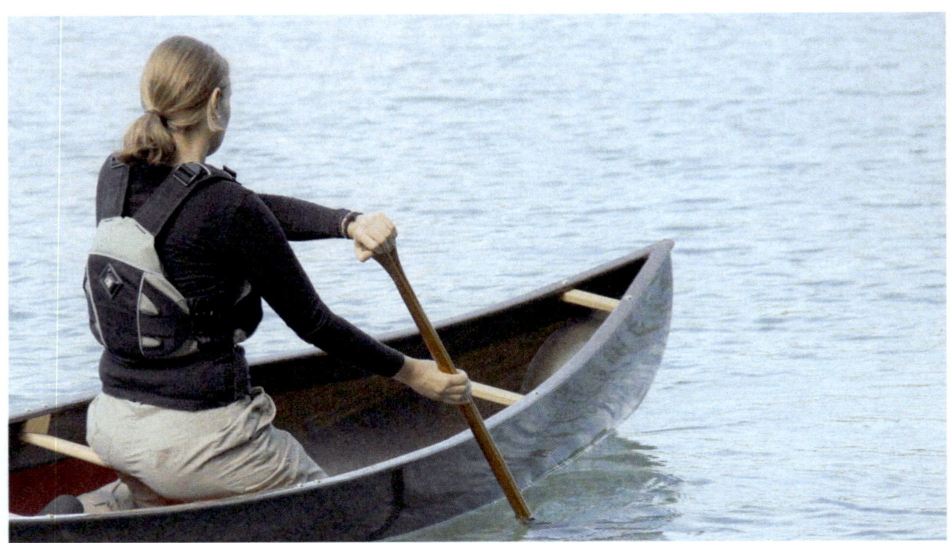

Rückwärts-J-Schlag

Mit einer Seitwärtsbewegung des Paddels wird die Kraft nach außen geleitet und die Kursabweichung korrigiert.

Zur Recovery wird das Paddel mit einem *neutralen Slice* zurück zur Ausgangsposition für den nächsten Schlag geführt.

In schneller Rückwärtsfahrt kommt es gelegentlich vor, dass das Canoe ins *Carving* kommt und zur Offside ausbricht. Anstatt die Kraft mit einem Rückwärts-J nach außen zu leiten, ist es in diesem Fall nötig, den Kurs mit einem *Bugziehschlag* zu korrigieren. Ablauf und Paddelhaltung sind in beiden Fällen ähnlich. Allerdings wird das Paddel bei der Korrektur mit Bugziehschlag nach der Vortriebsphase ohne Druck zum Bug geführt. Dort wechseln Passiv- und Aktivseite des Blattes und der Bug wird zum Paddel hingezogen.

8.18. Far Back

Der Far Back (deutsch: weit hinten) ist ein sehr kurzer Rückwärtsschlag, der weit hinter der Sitzposition ausgeführt wird. Vorteilhaft ist, dass man mit dem Far Back sehen kann, wo man hinpaddelt. Außerdem findet der Schlag weit vor dem *Drehpunkt* (in Fahrtrichtung) und relativ nah an der Kiellinie statt, sodass er nur wenig Korrekturbedarf verursacht. Dieser Schlag hat genau wie der übergriffene Vorwärtsschlag einen sehr kurzen Arbeitsweg.

Zum Far Back dreht man den Oberkörper weit zur Onside und setzt das Paddel mit möglichst vertikal stehendem Schaft weit hinten ein. Die Arme müssen zwar leicht gebeugt werden, aber die Ellenbogen sind fixiert. Der Daumen der Griffhand zeigt hinter dem Körper quer über das Boot. In einer kurzen, impulshaften Drehung des Oberkörpers verankert man das Paddelblatt im Wasser (Catch) und zieht das Boot etwas in Rückwärtsrichtung. Dieser Schlag ist so kurz, dass der Vortrieb fast nur aus dem Catch entsteht.

Zur Recovery entlastet man das Paddel und dreht den Kontrolldaumen zum Heck. Dadurch steht das Paddelblatt parallel zur Bewegungsrichtung des Bootes und kann mit einem *neutralen Slice* wieder zur Position für den nächsten Far Back geführt werden. Dabei folgt der Oberkörper dem Paddel, indem er sich wieder nach hinten dreht.

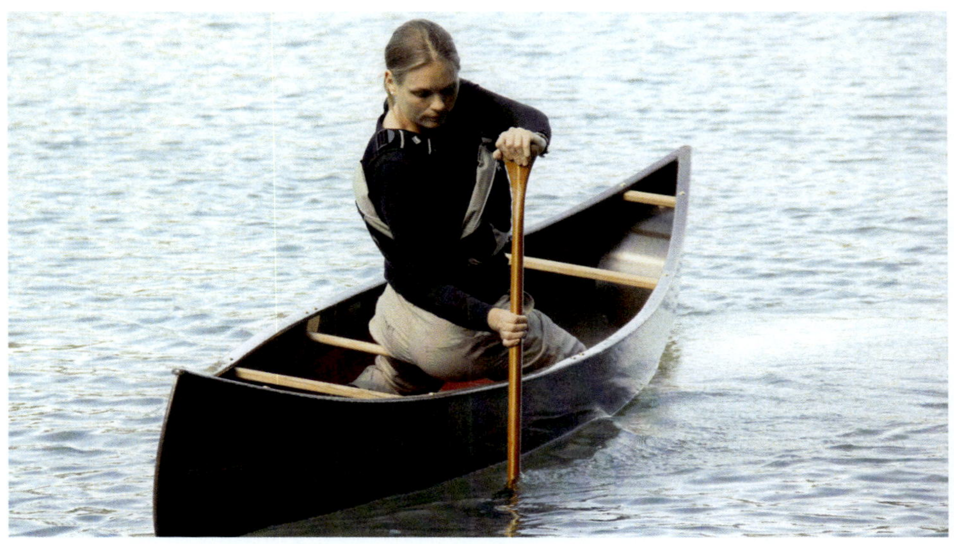

Far Back

8.19. Kombinierter Rückwärtsschlag

Der kombinierte Rückwärtsschlag, auf Englisch *Compound Back Stroke*, besteht aus einem *Far Back* der durch einen *Bladeflip* mit einem normalen *Rückwärtsschlag* oder *Rückwärts-J-Schlag* verbunden wird. Er vereint die Vorteile des Far Back und die erweiterte Schlaglänge eines Rückwärtschlages und bietet außerdem die Möglichkeit, eine J-Korrektur anzuhängen.

Für den Far Back wendet man sich zur Seite, um das Paddel weit hinter der Sitzposition mit vertikalem Schaft einzusetzen. Der Kontrolldaumen zeigt hinter dem Körper quer über das Boot. Aus einer kurzen, impulshaften Vorwärtsrotation des Oberkörpers erfolgt die Verankerung des Paddelblattes im Wasser.

Anschließend entlastet man das Paddel und führt es mit einem leicht bogenförmigen, *neutralen Slice* vor den Körper zum Catch für den Rückwärtsschlag. Der Kontrolldaumen zeigt jetzt vom Boot weg, und Aktiv- und Passivseite des Paddelblattes werden vertauscht (*Bladeflip*).

Nun verankert man das Paddelblatt erneut und führt einen Rückwärtsschlag oder Rückwärts-J-Schlag aus.

Zur Recovery dreht man den Kontrolldaumen nach hinten und bringt das Paddel mit einem langen neutralen Slice wieder in die Ausgangsposition für den nächsten Far Back.

8.20. Wriggen

Das Wriggen (englisch: *Skulling*), ist eine elegante Möglichkeit, ein Canoe kontinuierlich zur Seite zu versetzen. Es eignet sich sehr gut zum seitlichen Anlegen an einem Steg oder zur Annäherung an andere Objekte.

Beim ziehenden Wriggen zur Onside wendet man sich der Onside zu und setzt das Paddel dort wie zu einem *Ziehschlag* ein. Der Paddelschaft steht senkrecht. Dann dreht man den Kontrolldaumen zum Boot hin und somit die Vorderkante des Paddelblattes leicht vom Boot weg. Mit einer Drehung des Oberkörpers in Bugrichtung führt man das Paddel nach vorn bis vor das Knie. Dann dreht man den Kontrolldaumen etwas vom Boot weg, sodass die hintere Blattkante leicht vom Bootsrumpf wegzeigt, und führt das Paddel aus einer Drehung des Oberkörpers wieder zurück.

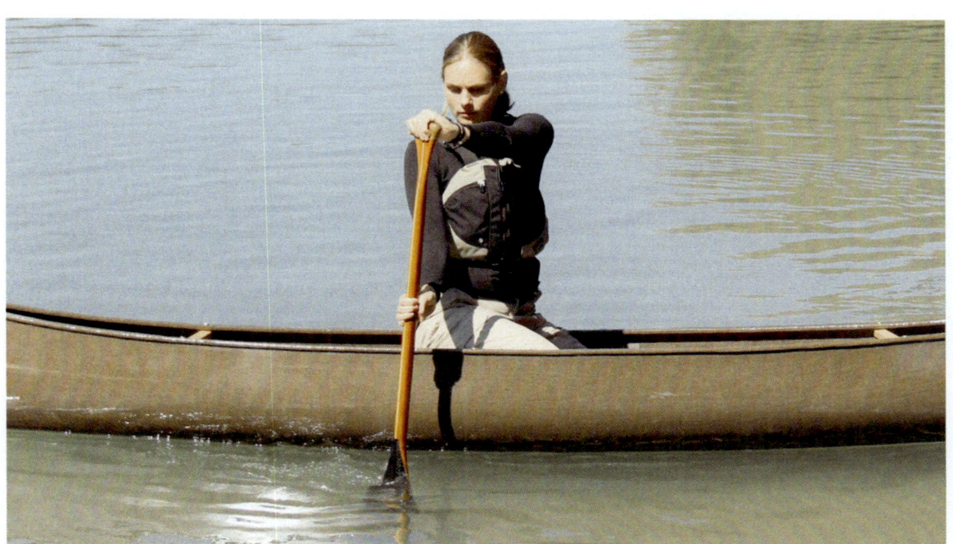

Wriggen

Das Paddel bewegt sich parallel zur Kiellinie vor und zurück, wobei der Anstellwinkel des Paddelblattes stets gewechselt wird. So entsteht ein kontinuierlicher Zug am Paddelblatt, der das Boot zur Onside versetzt. Das Wriggen ist also eine kontinuierliche Serie von *Loaded Slices*.

Für das ziehende Wriggen zur Offside führt man das Paddel über das Boot und setzt es auf der Offside wie zu einem Ziehschlag ein. Der Rest funktioniert genau wie auf der Onside.

Statt das Boot durch Wriggen zur Paddelseite hin zu ziehen, kann man sich mit dem drückenden Wriggen auch von der Paddelseite wegschieben. Zum Beispiel kann man dann mit dem Paddel auf der Onside zur Offside wriggen. Die Abläufe sind weitgehend identisch mit denen des ziehenden Wriggens. Einzig die Winkeländerungen des Paddelblattes haben eine andere Reihenfolge. Wird das Paddel nach vorn geführt, so zeigt die vordere Blattkante zum Boot. Führt man das Paddel zurück, so zeigt die hintere Blattkante zum Rumpf. Dadurch ist die Aktivseite des Blattes vom Bootsrumpf abgewandt, während sie beim ziehenden Wriggen dem Rumpf zugewandt ist.

Um den Wasserwiderstand am Rumpf zu vermindern, kann man durch Gewichtsverlagerung den Süllrand auf der Seite, zu der das Canoe sich hinbewegt, leicht anheben.

9. Paddelstützen

Paddelstützen sind eine Gruppe von Paddelschlägen, die dazu dienen, ein Canoe zu stabilisieren oder eine Kenterung abzuwenden. Man unterscheidet im Wesentlichen zwei Grundformen von Paddelstützen: die *hohe Paddelstütze* (englisch: *High Brace*), die ein Umkippen zur Offside verhindert, und die *flache Paddelstütze* (englisch: *Low Brace*), mit der das Boot bei Neigung zur Onside wieder aufgerichtet werden kann.

Beide Paddelstützen basieren auf der effektiven Stützwirkung, die ein im Wasser verankertes oder auf der Wasseroberfläche aufgesetztes Paddel für einen kurzen Moment geben kann.

Führt eine einzelne Paddelstütze nicht zum Erfolg, so kann man beliebig viele Stützen nacheinander ausführen.

Für das erfolgreiche Abwenden einer Kenterung ist es essenziell, dass während des Stützens die Ursache des Kenterns beseitigt wird, dass also der Schwerpunkt des Körpers sich wieder über das Canoe verlagert.

9.1. Hohe Paddelstütze

Für die hohe Paddelstütze wendet man sich der Onside zu und verankert das Paddelblatt dort zu einem Ziehschlag. Der Paddelschaft sollte dabei vertikal stehen. Dann zieht man sich am Paddel zur Onside, um seinen Körper wieder über die Mitte des Canoes zu bringen. Dadurch richtet man das Boot wieder auf.

Wenn man die hohe Paddelstütze im Eifer des Gefechts allzu vehement ausführt oder seinen Körper zu weit zur Onside gebracht hat, so kann es passieren, dass man anschließend zur Onside kippt. In diesem Fall sollte man zusätzlich eine *flache Paddelstütze* ausführen.

Eine statische Variante der hohen Paddelstütze, die während einiger Freestyle-Manöver verwendet wird, ist die *Turning High Brace*. Diese hat normalerweise aber keine Stützwirkung, es sei denn, eine Stützwirkung ist nötig.

9.2. Flache Paddelstütze

Die flache Paddelstütze ist eine Art aufgesetzter *Rückwärts-Bogenschlag* mit dem Paddelblatt auf dem Wasser. Zügig wendet man sich der Onside zu und legt das Paddelblatt auf das Wasser, wobei der Paddelschaft möglichst horizontal gehalten wird. Der Kontrolldaumen zeigt nach außen, die Knöchel der Schafthand zeigen nach unten. In einem weiten Bogen führt man nun das Paddel nach vorn. Die äußere Blattkante wird dabei leicht angehoben, damit das Paddelblatt auf der Wasseroberfläche bleibt. Während der ganzen Bogenbewegung kann man sein Körpergewicht auf dem Paddel abstützen. Der Oberkörper folgt dabei dem Paddel nach vorn und wird in einer tiefen Haltung über das Boot gebracht. Erst wenn sich Oberkörper und Kopf wieder vollständig über dem Canoe befinden, richtet man sich wieder auf.

Um Schulterverletzungen zu vermeiden, sollten die Arme während der Paddelstütze nicht durchgestreckt, sondern leicht angewinkelt sein.

Eine flache Paddelstütze kann sehr lang sein, fast so lang wie ein ganzer Rückwärts-Bogenschlag. Dabei hat man dann entsprechend viel Zeit. Sie kann aber auch nur eine sehr kurze Streichbewegung sein, wenn wenig Stabilisierungswirkung benötigt wird.

Varianten, die im Freestyle für Manöver genutzt werden, sind die *Trailing Low Brace* und die *Sweeping Low Brace*. Beide Varianten haben normalerweise keine Stützwirkung, solange sie nicht gebraucht wird.

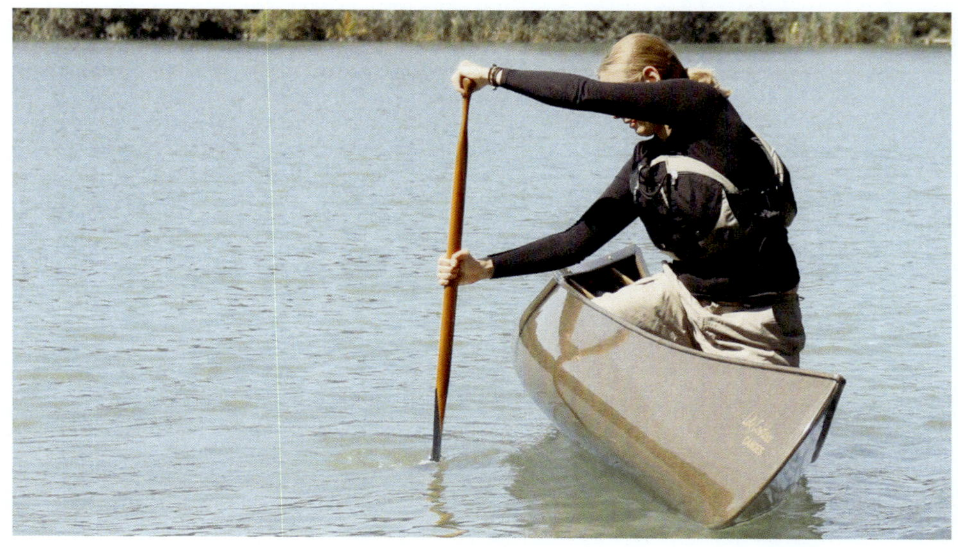

Hohe Paddelstütze

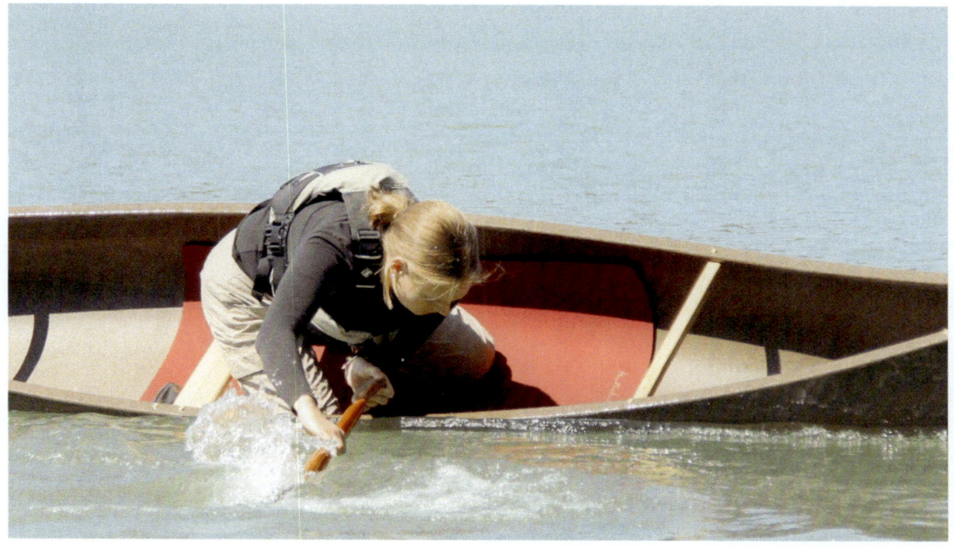

Flache Paddelstütze

Teil III.

Freestyle – fortgeschrittene Flachwassertechnik

10. Aufbau von Manövern

Ein Freestyle-Manöver ist eine Abfolge von Handlungen, die zu einer bestimmten Bootsbewegung führt. Die Manöver unterscheiden sich in der Art und Weise ihrer Ausführung und in ihrer Wirkung. Sie alle nutzen mehr oder weniger dieselben physikalischen Effekte, die aus den Eigenschaften von Wasser und Boot resultieren, und folgen denselben Prinzipien, die auch biomechanische Überlegungen berücksichtigen.

10.1. Teile eines Manövers

Wie ein guter Aufsatz hat jedes Manöver eine Einleitung, genannt *Initiation*, einen Hauptteil, das *Placement*, und einen Schluss, die *Conclusion*. Außer durch diese drei Abschnitte wird ein Manöver auch noch durch die Kantungsrichtung, den *Heel* oder *Lean*, und die Verwendung von *Pitch* definiert. Jeder dieser fünf Teile hat eine andere Aufgabe und ist gleichermaßen wichtig, um das ganze Manöver als gleichförmige und effiziente Bewegung zu gestalten.

10.1.1. Einleitung – Initiation

Die Aufgabe der Initiation ist es, das Boot auf die folgende Bewegung vorzubereiten. Je nach gewünschter Richtung kann das durch einen einfachen *J-Schlag*, einen *Vorwärtsschlag* oder einen kurzen *Bogenschlag* erfolgen. Bei manchen Manövern – beispielsweise dem *Sideslip* – wird während der Initiation aber auch nur sichergestellt, dass das Canoe wirklich genau geradeaus fährt.

Die Initiation ist deshalb so wichtig, weil der darauffolgende *Heel* jede Kurventendenz des Bootes verstärkt. Manche Manöver benötigen eine etwas stärkere Einleitung, aber im Allgemeinen sollte der einleitende Schlag nur ein wenig stärker ausgeführt werden, als es nötig wäre, um die Bewegung des Canoes in die erwünschte Richtung sicherzustellen. Eine zu starke Initiation hat eine unerwünschte Bremswirkung zur Folge: Das Manöver kollabiert.

10.1.2. Statischer Teil – Placement

Während des Placement findet der Hauptteil der Manöverbewegung statt. Die in der Vorwärtsfahrt aufgenommene Bewegungsenergie wird dabei möglichst verlustfrei in eine Kurven- oder Seitwärtsbewegung umgesetzt. Das geschieht einerseits durch die Platzierung des Paddels im Wasser (Paddel-Placements, Seite 88), zum Beispiel als *Turning High Brace* oder *Trailing Low Brace*, andererseits aber auch durch *Heel* und *Pitch*, die die Wirkung des Bootsrumpfes im Wasser verändern. Die ideale Paddelposition ist bei Kurvenmanövern vor dem *Drehpunkt*, also so weit in Fahrtrichtung versetzt, wie das bei aufrechtem Körper mit gestreckten Armen möglich ist.

Während das Boot seine Bewegung vollführt, verringert sich die Bewegungsenergie. Das wird am abnehmenden Widerstand des Paddels im Wasser spürbar. Um den Druckverlust am Paddelblatt auszugleichen, stellt man den Winkel des Paddelblattes im Wasser etwas nach. Der Blattwinkel sollte sehr sparsam vergrößert werden, da man sonst auch hier eine unerwünschte Bremswirkung verursacht.

10.1.3. Schluss – Conclusion

Im Verlauf des Manövers sinkt die Bewegungsgeschwindigkeit des Canoes. Bevor es zum Stillstand kommt, wird das Manöver mit der Conclusion beendet. Die Conclusion kann je nach Manöver ein *Bugziehschlag*, ein *Bogenschlag* oder auch ein *Vorwärtsschlag* sein. Sie nimmt die noch vorhandene Bewegung des Bootes auf und führt sie möglichst gleichmäßig weiter. Nach der Conclusion wird der Bootsrumpf wieder in seine aufrechte Lage gebracht.

10.2. Verändern der Rumpflage im Wasser

Ein weiteres wichtiges Element von Freestyle-Manövern ist das Verändern der Rumpflage des Kanus im Wasser. Wenn man das Boot durch Herabdrücken eines Süllrandes um die Längsachse neigt, nennt man das Heel, Lean oder auch Kantung. Das Herunterdrücken von Bug oder Heck wird als *Pitch-down*, *Boat-Pitch* oder einfach *Pitch* bezeichnet (nicht zu verwechseln mit dem Pitch des Paddelblattes).

Die Kantung hat mehrere Auswirkungen. Bei Kurvenmanövern sorgen der stark erhöhte *Kielsprung* und die verkürzte Kiellinie dafür, dass das Canoe wendiger wird. Bei Seitwärts- oder Diagonalbewegungen des Rumpfes verringert die verkürzte Kiellinie den Wasserwiderstand. Das Anheben der Bootsseite in der Bewegungsrichtung erlaubt es dem Wasser zudem, leichter unter dem Canoe durchzuströmen.

Zu welcher Seite gekantet wird, hat bei den meisten Solo-Canoes nur wenig Einfluss auf die Kurvenrichtung. Sie wird überwiegend durch die Richtungsvorgabe der Manövereinleitung bestimmt. Die Kantungsrichtung hat aber eine Auswirkung auf den Kurvenradius. Kurven, die zur Kurvenaußenseite gekantet werden, lassen sich enger fahren als nach innen gekantete Kurven.

Durch den Pitch wird das führende Ende des Canadiers (Bug oder Heck) tiefer in das Wasser gedrückt und das Boot ins *Carving* gebracht. Eine Kurventendenz, die das Canoe zuvor aufgenommen hat, wird dadurch deutlich verstärkt. Bei sehr starkem Pitch wird das führende Ende im Wasser verankert. Das folgende Ende kommt aus dem Wasser heraus und wird frei, um in einer engen Kurvenbewegung um das führende Ende herumzuschwingen.

Mit Heel und Pitch lassen sich sogar Kurven ohne Einsatz des Paddels fahren. Diese Manöver nennt man *Freespin*.

10.2.1. Kantungen

Heels oder auch Leans sind Möglichkeiten, den Bootsrumpf zu einer Seite hin zu neigen.

Das Boot soll dabei so stark zur Seite geneigt werden, dass die Kantung ihre Wirkung entfalten kann und das Boot drehfreudiger wird. Wie viel Kantung dazu nötig ist, hängt vor allem vom Rumpfdesign ab. In *Interpretive-Freestyle*-Wettbewerben wird verlangt, dass der Süllrand die Wasseroberfläche berührt. Bei Booten mit *Shouldered Flare* genügt es, bis zur Schulter zu kanten. Beim Freizeitpaddeln sind derart extreme Heels allerdings selten nötig. Sie sehen aber eindrucksvoll aus und machen Spaß.

Beim Heel wird das Körpergewicht zur Kantungsseite hin verlagert. Dies geschieht durch seitliche Verschiebung des Beckens. Der Oberkörper bleibt dabei die ganze Zeit aufrecht über dem Becken.

Das Wort *Lean* bezieht sich übrigens nur auf die Neigung des Bootes und bedeutet nicht, dass man sich über das Boot hinauslehnen würde. Das wäre eine sehr instabile Position. Man kann sich den Körper wie einen Stapel Teller vorstellen. Stehen alle Teller übereinander, dann steht der Stapel sehr stabil im Gleichgewicht.

Bei der Kantung kommt es vor, dass etwas Wasser über den Süllrand in das Boot läuft. Das führt normalerweise nicht zu einer Kenterung. Solange es nicht zu viel wird, ist eindringendes Wasser unproblematisch. Mit einem großen Schwamm kann man sein Boot leicht wieder trockenlegen.

Sieht man den herabgeneigten Süllrand aus seiner Position nicht, so kann man sich beim Heel am Gehör orientieren. In dem Moment, wenn der Süllrand auf die Wasseroberfläche trifft, ist ein leises Schmatzen zu hören. Durch Herantasten findet man heraus, mit welcher Beinposition man die optimale Kantung erreicht. Mit mehr Übung führt man die Kantungen später intuitiv aus.

Wer noch etwas unsicher ist, hält bei Kantungsübungen eine Paddelstütze bereit oder legt sein Paddel beiseite und sucht sich einen Punkt zum Festhalten wie zum Beispiel einen Steg.

J-Lean

Beim J-Lean bleiben beide Knie in den *Chines.* Die Kantung wird durch Verlagerung des Beckens zur Kantungsseite erreicht. Geht man in den Kniestand (Pitch), so steht das Becken über dem Knie der Kantungsseite. Das andere Knie wird dabei weitgehend entlastet und hält lediglich den Kontakt zur Chine. Von vorn betrachtet bildet der Oberkörper zusammen mit dem entlasteten Bein eine J-Form. Daher hat der J-Lean seinen Namen.

Von vielen Tourenpaddlern und besonders im Fließwasser wird der J-Lean bevorzugt eingesetzt, denn diese Art der Kantung bedarf keiner Vorbereitung. Man kann dadurch schneller reagieren; außerdem funktioniert der J-Lean auch im Sattelsitz mit Schenkelgurten.

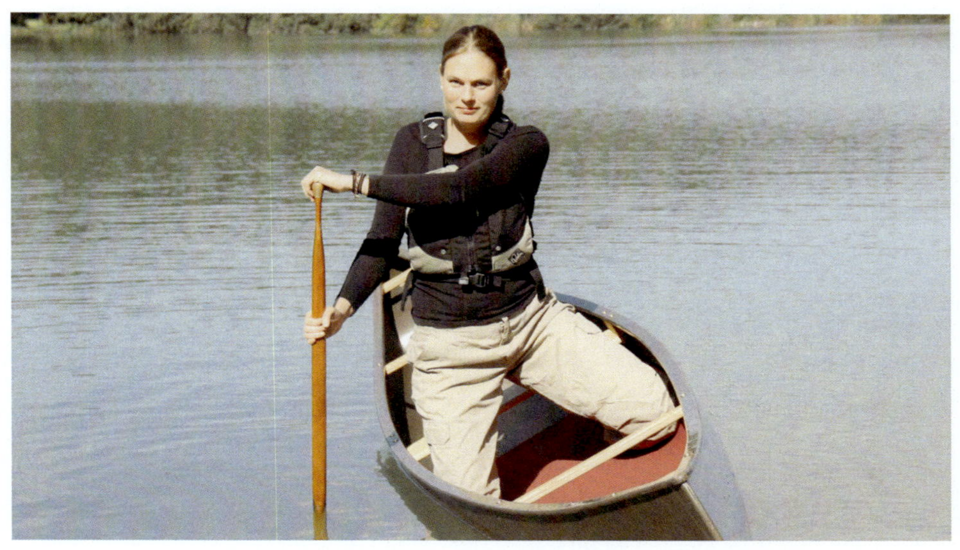

Kantung zur Onside mit einem J-Lean

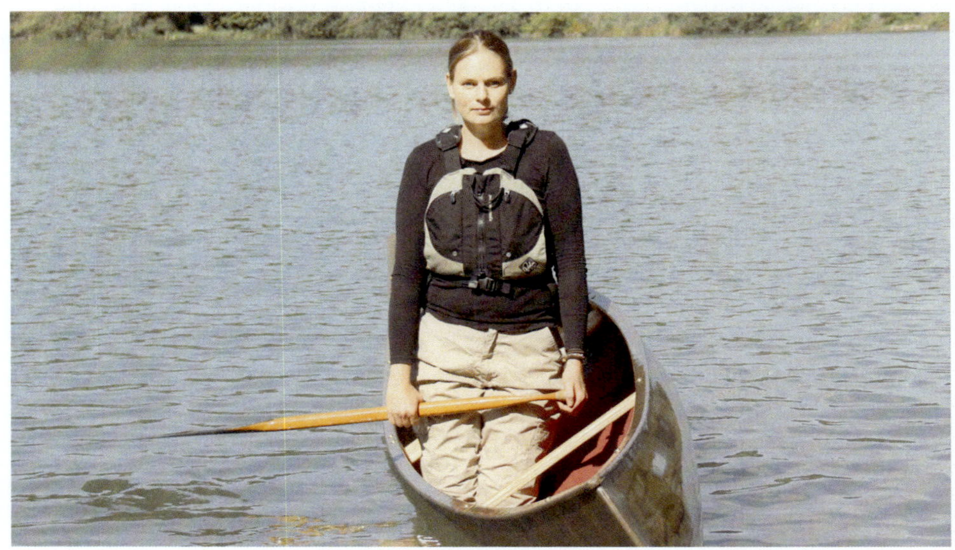

Kantung zur Onside mit einem Canadian Lean

Canadian Lean

Zum Canadian Lean rutscht das gegenüberliegende Knie neben das Knie auf der Kantungsseite. Allein dadurch neigt sich der Bootsrumpf schon leicht zur Seite. Diese Kantung kann verstärkt werden, indem man sein Becken noch mehr zur Kantungsseite hin verschiebt. Der Oberkörper bleibt dabei die ganze Zeit aufrecht. Richtet man sich in den Kniestand auf (Pitch), so steht das Becken direkt über den Knien.

Der Canadian Lean ist eine sehr komfortable und ruhige Kantungsmöglichkeit, die es erlaubt, das Boot auch über längere Zeit ohne Wackeln auf der Kante zu halten. Man ist dabei durchgehend im Gleichgewicht.

10.2.2. Pitch

Die Rumpflage des Bootes kann nicht nur in der Längsachse durch Kantungen verändert werden, sondern auch zur Querachse, indem man den Schwerpunkt zusätzlich nach vorn verschiebt.

Im einfachsten Fall richtet man sich dazu in den Kniestand auf. Dabei wird der Körper über die Knie gestellt, und der Schwerpunkt wandert vom Sitz um fast eine Schienbeinlänge nach vorn. Das Becken bildet dabei das Fundament für den Oberkörper und sollte sich genau über den Knien befinden. Ist man in dieser lotrechten Haltung angekommen, so ist die Position sehr stabil.

Neben dem Kniestand gibt es noch weitere Positionen, die den Pitch beeinflussen. Die *High-Kneel-* und *High-Kneel-Forward-Thrust*-Position (Seite 141) haben einen besonders dramatischen Effekt.

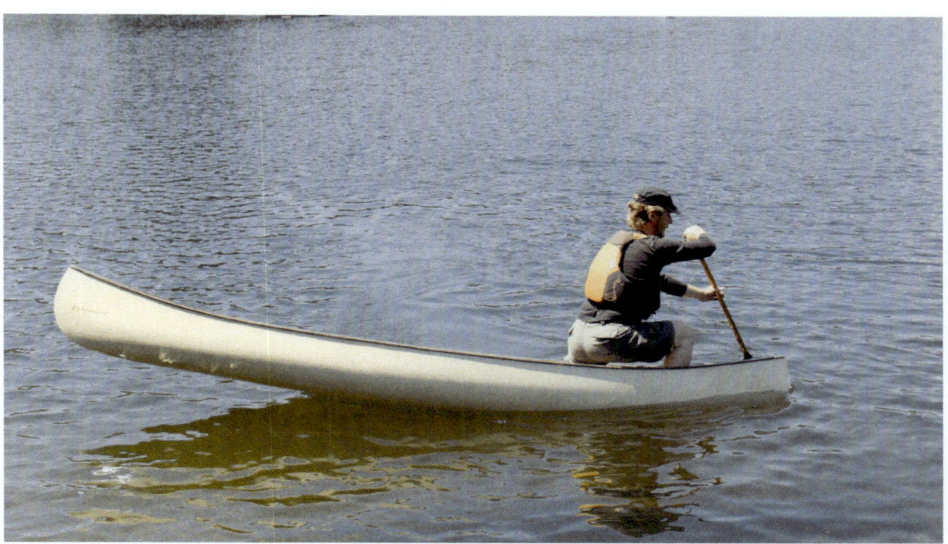

Extremer Pitch beim High Kneel Forward Thrust Axle: Das Heck kommt aus dem Wasser.

10.3. Die Manöverteile verbinden

Die einzelnen Manöverteile müssen schlüssig miteinander verbunden werden, ohne die Bootsbewegung zu stören. Das Paddel muss dabei an seine Position für den nächsten Manöverteil gebracht werden, und der Körper muss ihm folgen. Es ist daher sinnvoll, Bewegungen, die in dieselbe Richtung gehen, auch zur selben Zeit auszuführen. Wenn man zum Beispiel das Paddel mit der Rotation des Oberkörpers zum einleitenden *J-Schlag* für einen *Axle* nach hinten führt, kann man das Offside-Knie für die darauf folgende Kantung gleich mit zur Onside ziehen. Bei einem *Post* hingegen muss wegen des Heel zur Offside das Onside-Knie auf die Offside wechseln. In diesem Fall ist es sinnvoller, diese Bewegung erst nach dem einleitenden J-Schlag auszuführen, während das Paddel wieder nach vorn zum *Placement* geführt wird.

10.3.1. Von der Initiation zum Placement

Wie das Paddel zum *Placement* geführt wird, hängt natürlich von der Position des Placements ab. Generell wird versucht, diese Wege möglichst kurz zu halten. Meistens wird das Paddel mit einem *neutralen Slice* im Wasser an seine neue

Position geführt. Währenddessen soll der Bootslauf nicht gestört werden. Muss man zum Placement die Bootsseite wechseln, so nimmt man das Paddel aus dem Wasser, dreht das Blatt parallel zur Wasseroberfläche und führt es mit gestreckten Armen vor dem Körper flach über das Boot hinweg zur anderen Seite, um es dort wieder behutsam einzusetzen.

10.3.2. Vom Placement zur Conclusion

Bei manchen Manövern (z. B. *Christie*, *Wedge*) befindet sich das Paddelblatt am Ende des *Placements* bereits in der Ausgangsstellung für die *Conclusion*, sodass diese direkt angeschlossen werden kann. Das ist auch deshalb sehr praktisch, weil man das Paddelblatt in diesem Fall nicht neu verankern muss. Bei anderen Manövern wie dem *Axle* und dem *Post* muss das Paddelblatt erst von seiner bootsnahen Placement-Position in eine effektivere bootsferne Ausgangsstellung für die Conclusion gelangen. Hierzu öffnet man gegebenenfalls den Blattwinkel etwas weiter und bringt das Paddel mit einem *neutralen Slice* zur Anfangsposition der Conclusion. Gleichzeitig wird der Aktionsradius des Paddels noch vergrößert, indem die Griffhand das Paddel durch die Schafthand schiebt. Bei dieser – *Choke* genannten – Bewegung rutschen die Hände also näher zusammen.

10.4. Paddel-Placements im Freestyle

Mit *Placement* wird die Paddelposition während des statischen Teils von Manövern bezeichnet. Dabei bewegt sich das Paddel in Relation zum Bootsrumpf nicht von seiner Position. Allerdings wird bei vielen Placements der Winkel des Paddelblattes (*Blade-Pitch*) nachgestellt. Dadurch wird der Druck am Blatt und somit auch die Steuerwirkung aufrechterhalten.

10.4.1. Turning High Brace

Die Turning High Brace ist eine statische Form der *hohen Paddelstütze* oder auch ein statischer *Ziehschlag* mit Kurvenwirkung.

Dazu wird das Paddel vertikal, parallel zum Bootsrumpf ins Wasser gestellt. Die Placement-Position ist dabei so weit in Fahrtrichtung versetzt, wie das mit aufrechtem Körper komfortabel möglich ist. Das Boot wird dadurch in eine Kurve

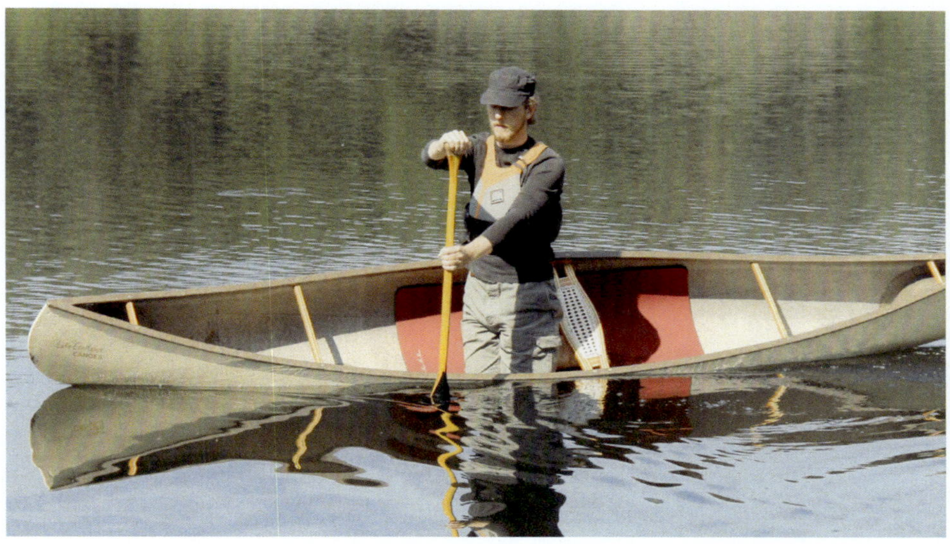

Axle um eine Turning High Brace

geleitet. Im Verlauf des Manövers wird die führende Blattkante zunehmend vom Boot weggedreht, um den abklingenden Druck aufrechtzuerhalten. Zu Beginn des Placements kann das Blatt jedoch nahezu parallel zur Kiellinie stehen, weil der Winkel zur Anströmrichtung schon durch die Einleitung des Manövers leicht geöffnet wurde. Dadurch vermeidet man eine unerwünschte Bremswirkung.

Im Freestyle wird die Turning High Brace meist aus Effizienzgründen ohne Stützwirkung gefahren, aber natürlich steht sie für den Ernstfall jederzeit zur Verfügung und wird in Tourensituationen auch häufig genutzt.

Auf der Offside ausgeführt wird die Turning High Brace zur *Cross Turning High Brace*.

Die Turning High Brace ist das Placement von *Axle* und *Post*.

10.4.2. Trailing Low Brace

Den Begriff Trailing Low Brace könnte man als nachfolgende oder geschleppte, flache Paddelstütze übersetzen. Sie ist eine statische Form der *flachen Paddelstütze*.

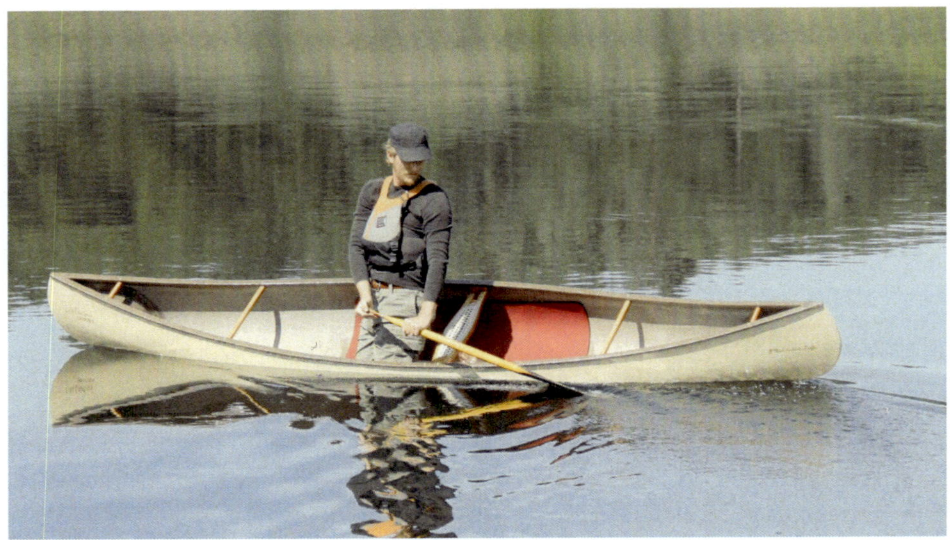

Christie mit Trailing Low Brace als Placement

Je nach Fahrtrichtung – vorwärts oder rückwärts – wird das Paddelblatt neben dem Heck oder Bug flach auf die Wasseroberfläche aufgelegt. Die äußere Blattkante wird leicht angehoben. Dadurch wird das Heck oder (in Rückwärtsfahrt) der Bug zur gegenüberliegenden Seite leicht weggeschoben.

Die Hände werden bei aufrechter Körperhaltung möglichst tief geführt. Ein *Choke*, also das Heranrutschen der Schafthand an die Griffhand, erleichtert es, die Heck- oder Bugposition zu erreichen. Das Paddel kann auf diese Weise sehr flach gehalten werden, und man minimiert jede unerwünschte Bremswirkung.

Im Freestyle haben Trailing Low Braces meist nur minimale Stützwirkung. Diese steht aber im Ernstfall jederzeit zur Verfügung und ist für das Tourenpaddeln von großer Bedeutung, um beispielsweise wacklige Kurven im ruppigeren Wasser und bei Kehrwasserfahrten abzusichern.

Wenn die Trailing Low Brace auf der Offside ausgeführt wird, erhält sie den Namen *Cross Trailing Low Brace.*

Die Trailing Low Brace ist das Placement des *Christie.*

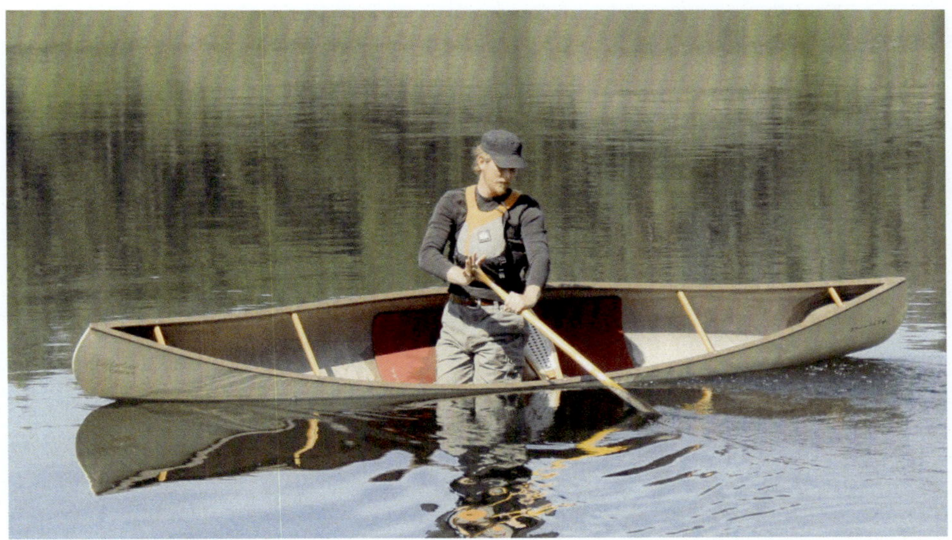

Christie: Eine Reverse Sweeping Low Brace bringt das Paddel zur Conclusion. Dabei greift die Griffhand mit einer Palmroll um.

10.4.3. Sweeping Low Brace

Wie der Name vermuten lässt, ist diese *flache Paddelstütze* mit dem *Sweep*, dem *Bogenschlag* verwandt. Im Unterschied zum Bogenschlag wird das Paddel jedoch flach auf dem Wasser aufgelegt, während es auf einem Kreisbogen nach hinten oder nach vorn (*Reverse Sweeping Low Brace*) geführt wird. Die führende Blattkante wird dabei leicht angehoben, damit das Paddelblatt auf der Wasseroberfläche gleitet.

Auch die Sweeping Low Brace kann mit Stützwirkung gefahren werden. Allerdings bremst sie das Boot dann auch ab.

Im Freestyle verwendet man sie, um das Paddel beim *Christie* vom *Placement* zur *Conclusion* zu bringen. Die Hände werden zunächst tief geführt und dann im Verlauf des Bogens leicht angehoben. Das Paddelblatt wird dabei immer weiter in eine vertikale Stellung gedreht. So gelangt es in die Ausgangsstellung für den nachfolgenden Paddelschlag (fast immer ein *Bugziehschlag* oder ein *Heckziehschlag*), in den die Sweeping Low Brace fließend übergehen kann. Häufig ist vor diesem angeschlossenen Schlag eine *Palmroll* nötig.

Führt man das Paddel vom Heck zum Bug, so spricht man von einer *Reverse Sweeping Low Brace*, in umgekehrter Richtung von der *Sweeping Low Brace*. Auf der Offside ausgeführt heißen diese entsprechend *Cross Reverse Sweeping Low Brace* und *Cross Sweeping Low Brace*.

10.4.4. Jam und Stern Jam

Jams sind statische *Hebel*, also Placements, bei denen das Paddelblatt an den Rumpf des Bootes angelegt wird. Das Paddelblatt wird zwischen anströmendem Wasser und Rumpf eingeklemmt und bildet einen Keil im Wasser, der das Canoe zur gegenüberliegenden Seite wegschiebt. Die führende Blattkante zeigt dabei etwas mehr zum Rumpf. Für eine Kurve ist die Placement-Position zum *Drehpunkt* des Bootes in Fahrtrichtung versetzt.

Legt man das Paddelblatt am Heck des Canoes an, so erhält man einen *Stern Jam*. Ein Jam auf der Offside ist ein *Cross Jam*, ein Jam im Heck auf der Offside ein *Cross Stern Jam*.

Bei Jams und Cross Jams steht der Paddelschaft vertikal, bei Stern Jams und Cross Stern Jams leicht diagonal, um das Heck mit dem Paddelblatt erreichen zu können.

Jams können nicht nur für Kurven verwendet werden, sondern auch für das seitliche Versetzen (*Sideslips*, Seite 133). Dabei wird die Placement-Position zum Drehpunkt so gewählt, dass keine Drehung entsteht und das Boot zur Seite weggeschoben wird.

Jams werden bei den Manövern *Wedge* und *Sideslip* verwendet.

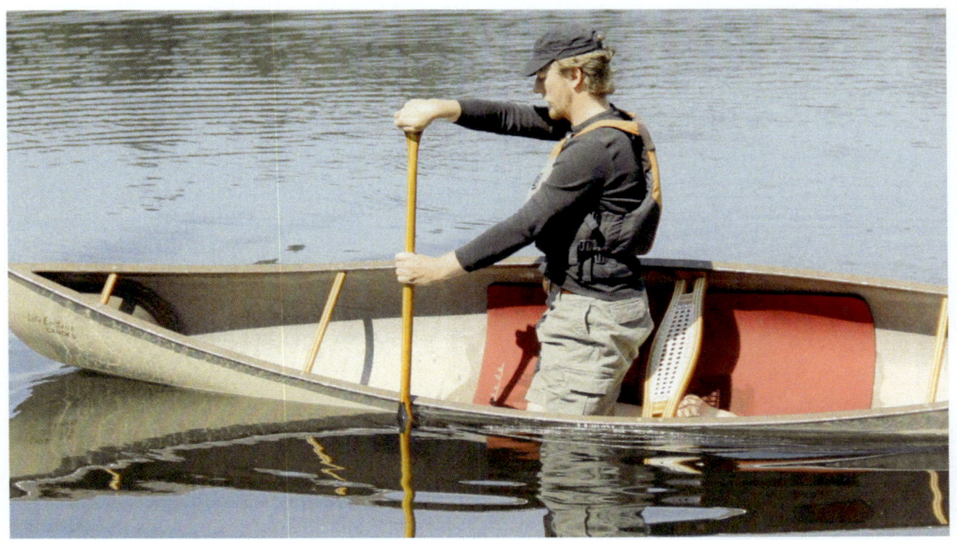

In Fahrtrichtung versetztes Jam-Placement bei einem Wedge

11. Freestyle-Manöver

11.1. Die vier Quadranten

Die Freestyle-Manöver sind in vier *Quadranten* organisiert. Die Quadranten definieren sich einerseits über die Fahrtrichtung und andererseits über die Bootsseite, auf der das *Placement* stattfindet. Aus der Kombination dieser Merkmale ergeben sich die vier Quadranten *Vorwärts Onside*, *Vorwärts Offside*, *Rückwärts Onside* und *Rückwärts Offside.*

Gelegentlich herrscht Verwirrung darüber, welcher Quadrant welcher ist. Unter den europäischen Freestyle-Instrukteuren hat es sich durchgesetzt, die Quadranten nach ihrer Schwierigkeit aufsteigend durchzunummerieren. Man kann sich also einfach merken, dass die mit einer ungeraden Zahl bezeichneten Quadranten (1 und 3) auf der Onside liegen und die mit einer geraden Zahl (2 und 4) auf der Offside.

Eine Besonderheit hat sich aus dem Wettbewerbs-Freestyle entwickelt, bei dem die Manöver je nach Quadrant unterschiedlich bewertet werden. Hier wurde geregelt, dass der Bug zum Heck umdefiniert wird, sobald das Becken mehr als 90°aus der Vorwärtsposition verdreht wird. In der Praxis ist diese Unterscheidung jedoch kaum relevant, da sich lediglich die Manöverbezeichnung ändert.

11.1.1. Erster Quadrant: Vorwärts Onside

Im ersten Quadranten werden die Manöver sozusagen in ihrer Grundform durchgeführt. Alle Teile des Manövers werden auf der Onside ausgeführt. Der Oberkörper wird dem Paddel so weit wie möglich zugewendet und soll in einer aufrechten Haltung bleiben. Wie bei allen Manövern in Vorwärtsfahrt kann man die Wirkung der Kantung durch *Pitch*, also Gewichtsverlagerung zum Bug, unterstützen,

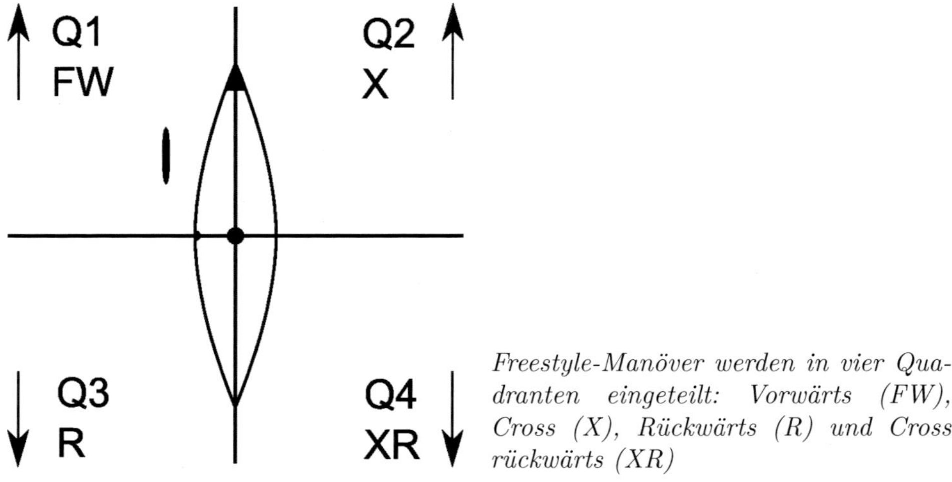

Freestyle-Manöver werden in vier Quadranten eingeteilt: Vorwärts (FW), Cross (X), Rückwärts (R) und Cross rückwärts (XR)

indem man in den Kniestand geht. Im Kniestand ist es auch etwas leichter, sich der Arbeitsseite zuzuwenden.

Der erste Quadrant wird mit *FW* für *Forward* abgekürzt.

11.1.2. Zweiter Quadrant: Vorwärts Offside

Manöver im zweiten Quadranten werden ebenfalls häufig in Tourensituationen gebraucht. Dasselbe Manöver bewegt – im zweiten Quadranten gefahren – das Canoe in die entgegengesetzte Richtung. Das *Placement* findet hier auf der Offside statt. Dazu muss das Paddel auf der Onside aus dem Wasser genommen und über das Boot auf die andere Seite geführt werden.

Offside-Manöver können sowohl auf der Onside als auch auf der Offside eingeleitet werden. Grundsätzlich sind alle möglichen Variationen denkbar. Gerade wenn man sich mit dem Paddel bereits auf der Offside befindet, ist es nur konsequent, das nächste Manöver auch dort einzuleiten. Die Manöverbeschreibungen in diesem Buch zeigen jeweils die Initiation auf der Onside. Alternative Offside-Initiations werden ab Seite 132 behandelt.

Auch im zweiten Quadranten kann das *Carving* des Bootes durch *Pitch* nach vorn unterstützt werden. Der zusätzliche Bewegungsspielraum durch den Kniestand (man kann das Becken im Kniestand besser mitdrehen) macht gerade die Drehung zur Offside meist etwas komfortabler.

Manövernamen im zweiten Quadranten bekommen den Zusatz *Cross* vorangestellt. Ein *Axle* wird durch die Ausführung auf der Offside also zum *Cross Axle.*

Der zweite Quadrant wird mit *X* für *Cross* abgekürzt.

11.1.3. Dritter Quadrant: Rückwärts Onside

Bei *Axle*, *Post* und *Wedge* im dritten Quadranten erfolgt das *Placement* etwas weiter hinter dem Bootsmittelpunkt, also in Richtung Heck. Das erreicht man, indem man den Körper sehr weit nach hinten dreht und – falls das nicht ausreicht – den Paddelschaft leicht schräg ausrichtet, um das Paddelblatt in seine Placement-Position zu bringen. Beim *Christie* im dritten Quadranten erfolgt das Placement sehr bequem vor dem Körper neben dem Bug.

Bei Rückwärtsmanövern sollte der *Pitch* zum Heck erfolgen, weshalb man in diesem Fall eher versucht, das Gewicht auf die Sitzbank zu verlagern, und nicht in den Kniestand geht.

Manövernamen im dritten Quadranten bekommen den Zusatz *Reverse* vorangestellt. Ein *Axle* wird durch die Ausführung in Rückwärtsfahrt also zum *Reverse Axle.*

Der dritte Quadrant wird mit *R* für *Reverse* abgekürzt.

11.1.4. Vierter Quadrant: Rückwärts Offside

Der vierte Quadrant vereint die Anforderungen von Offside- und Rückwärtsmanövern. Das bringt gelegentlich in der normalen Knieposition eine angespannte Körperhaltung mit sich. Viele Paddler nutzen hier die Vorteile von anderen Positionen im Boot wie zum Beispiel die *Transverse*- oder die *Reverse*-Position. Diese Positionen sind ab Seite 139 beschrieben.

Manövernamen im vierten Quadranten bekommen den Zusatz *Cross Reverse* vorangestellt. Ein *Axle* wird durch die Ausführung auf der Offside in Rückwärtsfahrt also zum *Cross Reverse Axle.*

Der vierte Quadrant wird mit *XR* für *Cross Reverse* abgekürzt.

11.2. Das erste Manöver: der Free Spin

Free Spins sind Kurvenmanöver, die etwas aus der Reihe tanzen. Sie werden normalerweise nicht zu den klassischen Freestyle-Manövern gezählt, da sie im Gegensatz zu allen anderen Manövern kein wirksames *Placement* beinhalten. Man könnte auch sagen, das Placement findet außerhalb des Wassers statt.

Sie eignen sich jedoch hervorragend, um sich mit der Wirkung von *Pitch* und *Heel* zu befassen, und vermitteln ein gutes Gefühl dafür, welchen Anteil die Änderung der Rumpflage im Wasser an der gesamten Kurvenbewegung hat. Ich rate jedem, der sich mit Freestyle beschäftigen will, diese verblüffenden Manöver zu üben.

Free Spins können in allen Quadranten und mit Kantungen zu beiden Seiten gefahren werden. Am besten funktionieren sie jedoch in der Vorwärtsfahrt, da man die Kurvenbewegung durch den Pitch mit dem Kniestand stark unterstützen kann.

Aus der Vorwärtsfahrt erfolgt die *Initiation* je nach gewünschter Richtung mit einem *J-Schlag* (Kurve zur Onside) oder einem kurzen *Bogenschlag* (Kurve zur Offside). Nach dieser Einleitung wird das Paddelblatt aus dem Wasser genommen. Je nach gewünschter Kantungsrichtung rutscht ein Knie zur gegenüberliegenden Seite, um den Heel einzuleiten.

Zum *Placement* richtet sich der Paddler auf und geht in den Kniestand. Die Arme hängen dabei locker neben dem Körper und das Paddel wird parallel zur Wasseroberfläche gehalten. Nun vollführt das Boot seine Kurvenbewegung.

Mit dem Abklingen der Bewegung wird das Paddel wieder seitlich neben dem Boot in das Wasser eingesetzt. Als *Conclusion* kann ein *Bugziehschlag* (beim Free Spin zur Onside) oder ein *Bogenschlag* (beim Free Spin zur Offside) angehängt werden, und das Canoe wird wieder in seine aufrechte Lage gebracht.

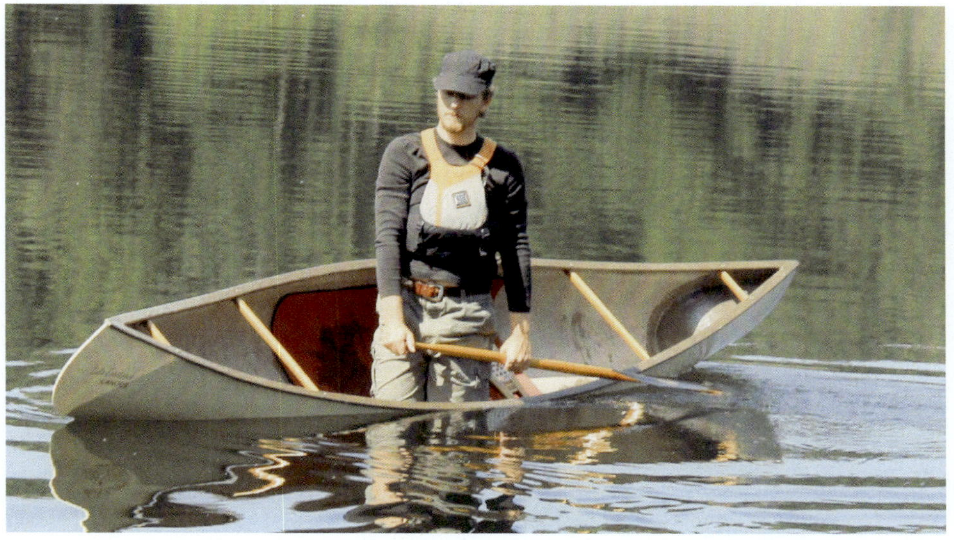

Free Spin: Die Kurvenbewegung entsteht durch die Veränderung der Rumpflage im Wasser.

11.3. Quadrant 1 – Vorwärts Onside

11.3.1. Axle

Der Axle ist eine Kurve zur Onside um eine *Turning High Brace*, wobei das Canoe zur Onside gekantet wird. In der Praxis ist der Axle eines der am häufigsten verwendeten Kurvenmanöver. Das Wort Axle ist englisch und bedeutet Achse.

Aus der Vorwärtsfahrt erfolgt die *Initiation* durch einen *J-Schlag* mit *Palmroll*. Das Offside-Knie folgt der Drehung des Oberkörpers zur Onside, um die Kantung einzuleiten.

Mit einem *neutralen Slice* wird das Paddel zum Placement geführt. Der Körper folgt dem Paddel dabei in den Kniestand. Zum *Placement*, der *Turning High Brace*, wird der Paddelschaft vertikal und das Paddelblatt zunächst parallel zur Kiellinie gehalten. Die Placement-Position ist vor dem *Drehpunkt* des Bootes. Das Canoe vollführt nun den Hauptteil seiner Kurvenbewegung. Um den Druck am Paddelblatt zu erhalten, wird der Blattwinkel graduell geöffnet (*Blade-Pitch*).

Bevor das Boot zum Stillstand kommt, wird das Paddel mit einem neutralen Slice zur *Conclusion* nach vorn geführt. Dabei rutscht die Schafthand näher zur Griffhand (*Choke*), um die Reichweite zu vergrößern. Ein *Bugziehschlag* führt die Kurvenbewegung des Bootes zu Ende. Abschließend wird das Canoe wieder in seine aufrechte Lage gebracht.

Merkhilfe für den Axle:

- Kurvenrichtung: zur Onside
- Initiation: J-Schlag
- Heel: zur Onside
- Placement: Turning High Brace, zum Bug versetzt
- Conclusion: Bugziehschlag

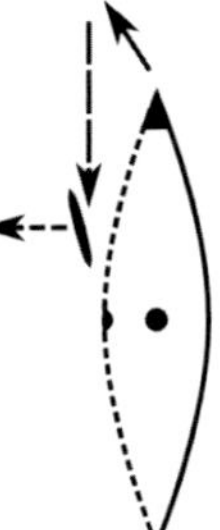

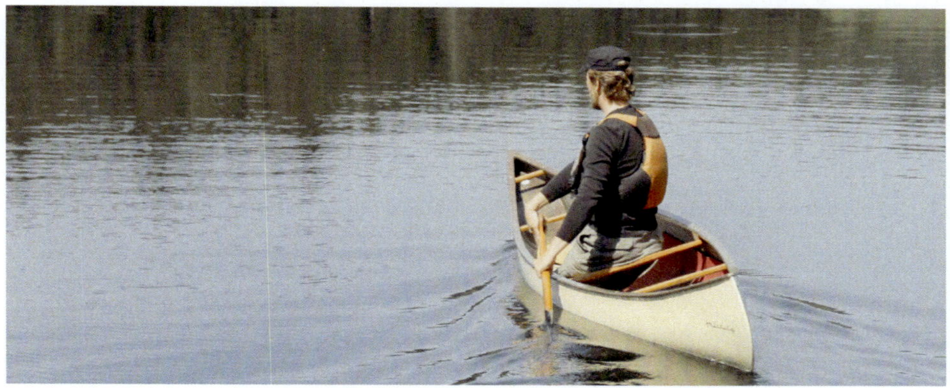

Initiation des Axle mit einem J-Schlag

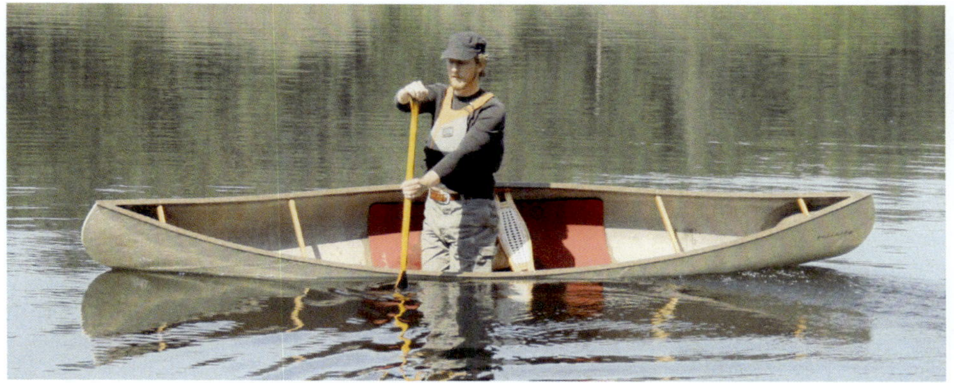

Das Placement: eine Turning High Brace, Heel zur Onside

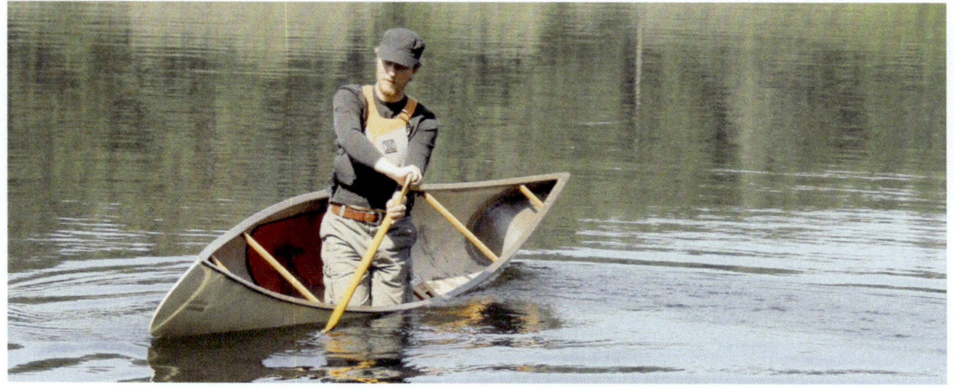

Conclusion mit Bugziehschlag

11.3.2. Post

Der Post ist eine enge Kurve zur Onside um eine *Turning High Brace*, wobei das Canoe zur Offside gekantet wird. Das Wort Post ist englisch und bedeutet Pfosten oder Pfahl.

Aus der Vorwärtsfahrt erfolgt die *Initiation* durch einen *J-Schlag* mit Palmroll. Mit einem *neutralen Slice* wird das Paddel zum Placement geführt. Das Onside-Knie rutscht auf die Offside, um die Kantung zur Offside einzuleiten. Erst jetzt folgt der Körper dem Paddel nach vorn in den Kniestand.

Zum *Placement*, der *Turning High Brace*, wird der Paddelschaft vertikal und das Paddelblatt zunächst parallel zur Kiellinie gehalten. Die Placement-Position ist vor dem *Drehpunkt* des Bootes. Das Canoe vollführt nun den Hauptteil seiner Kurvenbewegung. Um den Druck am Paddelblatt zu erhalten, wird der Blattwinkel graduell geöffnet (*Blade-Pitch*).

Bevor das Boot zum Stillstand kommt, wird das Paddel mit einem neutralen Slice zur *Conclusion* nach vorn geführt. Dabei rutscht die Schafthand näher zur Griffhand (*Choke*), um die Reichweite zu vergrößern. Ein *Bugziehschlag* führt die Kurvenbewegung des Bootes zu Ende. Abschließend wird das Canoe wieder in seine aufrechte Lage gebracht.

Merkhilfe für den Post:

- Kurvenrichtung: zur Onside
- Initiation: J-Schlag
- Heel: zur Offside
- Placement: Turning High Brace, zum Bug versetzt
- Conclusion: Bugziehschlag

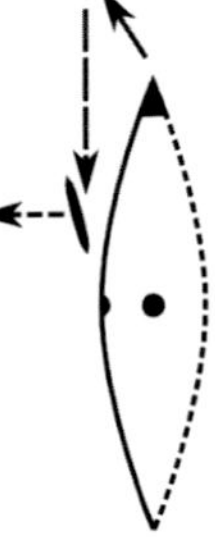

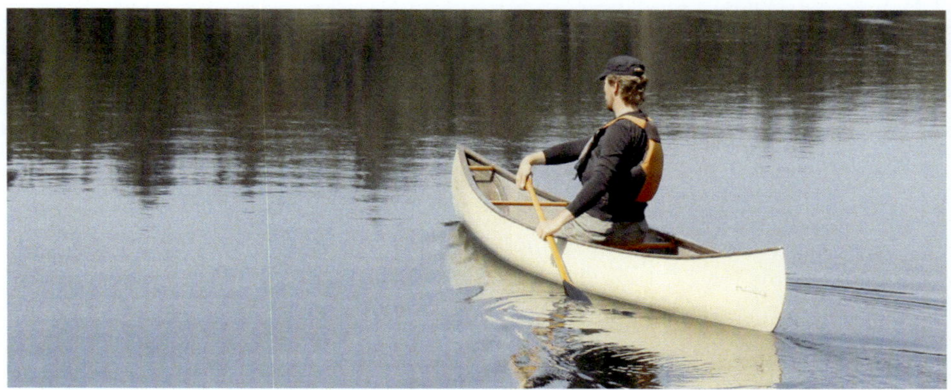

Initiation des Post mit einem J-Schlag

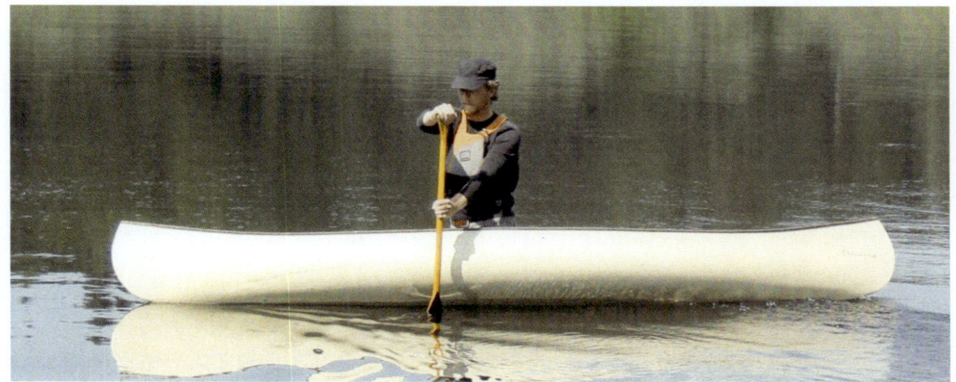

Das Placement: eine Turning High Brace, Heel zur Offside

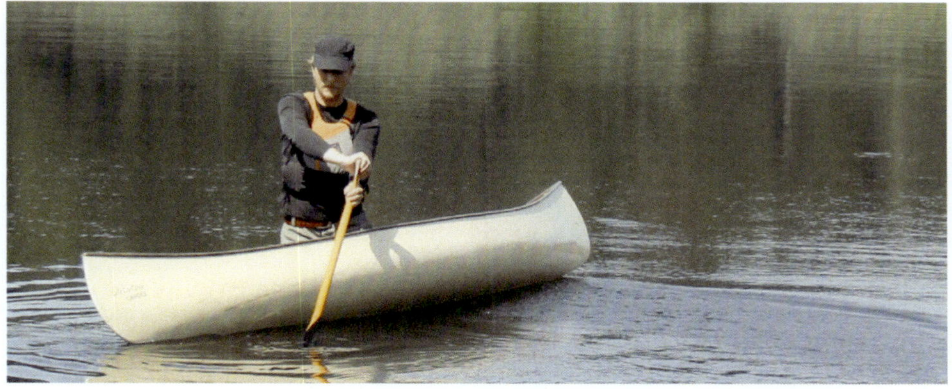

Conclusion mit Bugziehschlag

11.3.3. Christie

Der Christie ist eine weite Kurve zur Onside um eine *Trailing Low Brace*, wobei das Canoe zur Onside gekantet wird. Mit dem Christie kann man sehr sichere Kurven fahren, da jederzeit die Stützwirkung der Trailing Low Brace (*Paddelstütze*) zur Verfügung steht. Die Bezeichnung Christie ist ein Kunstname.

Aus der Vorwärtsbewegung des Canoes erfolgt die *Initiation* mit einem *J-Schlag*. Das Offside-Knie folgt der Drehung des Oberkörpers zur Onside, um die Kantung einzuleiten. Wenn das Paddel den Körper passiert, folgt dieser dem Paddel, und man schraubt sich mit der Körperdrehung in den Kniestand hoch.

Für das *Placement* wird das Paddelblatt mit einer *Palmroll* als *Trailing Low Brace* neben dem Heck auf die Wasseroberfläche aufgelegt. Mit einem *Choke* rutscht die Schafthand näher zur Griffhand, um die Reichweite zu vergrößern. Die Hände werden tief geführt, damit das Paddel möglichst flach auf dem Wasser liegt. Die äußere Kante des Paddelblattes wird etwas angehoben. So kann das anströmende Wasser das Heck ganz leicht zur Offside drücken. Nun vollführt das Boot den Hauptteil seiner Kurvenbewegung.

Wenn die Kurvenbewegung nachlässt, wird das Paddel in einer *Reverse Sweeping Low Brace* flach zur Position für einen Bugziehschlag geführt. Der Körper dreht sich dabei wieder etwas zum Bug. Hier bleibt das Paddelblatt, während der Körper sich wieder der Onside zuwendet und die Hände den Paddelschaft anheben. Das Paddelblatt wird dabei rechtwinklig zur Wasseroberfläche gedreht. Zur *Conclusion* greift die Griffhand mit einer zweiten *Palmroll* um, und ein *Bugziehschlag* führt die Kurvenbewegung des Bootes zu Ende. Abschließend wird das Canoe wieder in seine aufrechte Lage gebracht.

Merkhilfe für den Christie:

- Kurvenrichtung: zur Onside
- Initiation: J-Schlag
- Heel: zur Onside
- Placement: Trailing Low Brace, neben dem Heck
- Conclusion: Reverse Sweeping Low Brace, Bugziehschlag

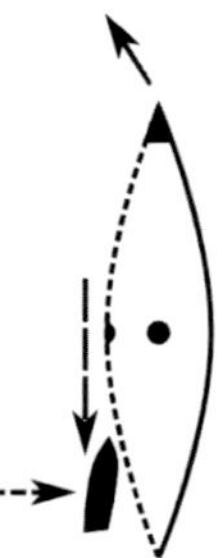

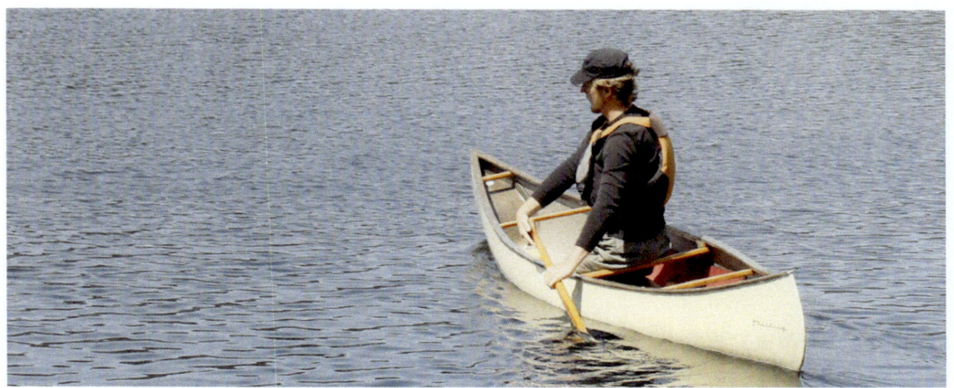

Initiation des Christie mit einem J-Schlag

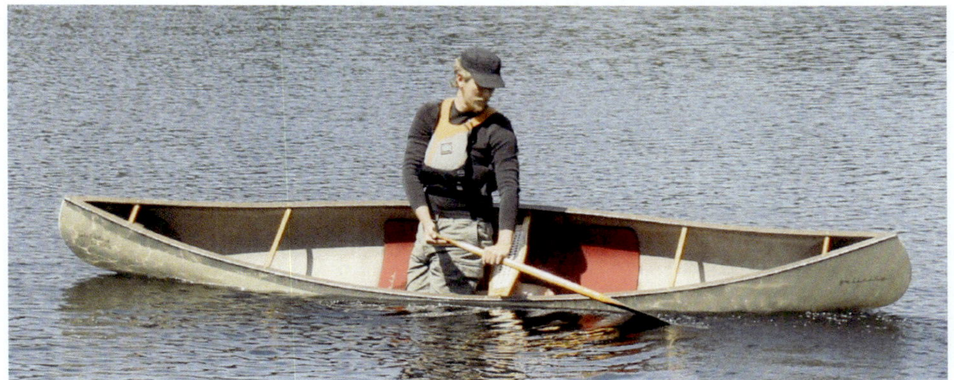

Das Placement: eine Trailing Low Brace, Heel zur Onside

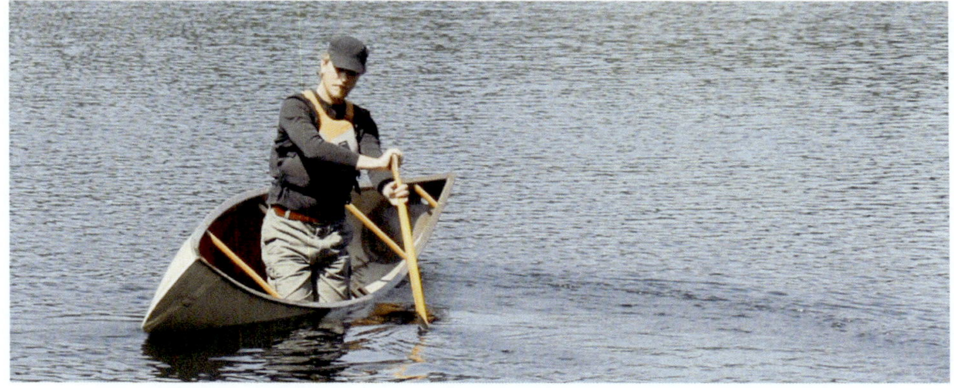

Die Conclusion nach einer Reverse Sweeping Low Brace: Bugziehschlag

11.3.4. Wedge

Der Wedge ist eine sehr enge Kurve zur Offside mit einem *Jam* als Placement. Das Canoe wird dabei zur Onside gekantet. Mit dem Wedge sind Pirouetten von 360° und mehr möglich. Er eignet sich perfekt, um das Boot nach nur einem Vorwärtsschlag nahezu auf der Stelle zu wenden. Das Wort Wedge ist englisch und bedeutet Keil.

Aus der Vorwärtsfahrt erfolgt die *Initiation* mit einem kurzen *Bogenschlag* oder *Vorwärtsschlag*. Das Offside-Knie folgt der Drehung des Oberkörpers zur Onside, um die Kantung einzuleiten.

Zum *Placement* gelangt man, indem man das Paddel zuerst mit einem *neutralen Slice* auf den Körper zu führt, um es anschließend nach einem zweiten, sehr bootsnahen Slice am vorderen Rumpf zum *Bow Jam* anzulegen. Dabei folgt der Körper dem Paddel in den Kniestand. Das Paddelblatt wird zwischen Rumpf und anströmendem Wasser eingeklemmt. Blatt und Bootsrumpf bilden so im Wasser einen Keil und der Bug wird zur Offside geschoben. Der Paddelschaft steht senkrecht, das Gelenk der Griffhand ist leicht überstreckt, der Kontrolldaumen zeigt nach vorn. Nun vollführt das Boot den Hauptteil seiner Kurvenbewegung.

Sobald die Kurvenbewegung nachlässt, wird das Paddel mit einem weiteren neutralen Slice oder einem *Loaded Slice* zum Bug geführt. Dabei rutscht die Schafthand näher zur Griffhand (*Choke*), um die Reichweite zu vergrößern. Die *Conclusion* ist ein normaler *Bogenschlag*. Abschließend wird das Canoe wieder in seine aufrechte Lage gebracht.

Merkhilfe für den Wedge:

- Kurvenrichtung: zur Offside
- Initiation: kurzer Bogenschlag oder Vorwärtsschlag
- Heel: zur Onside
- Placement: Jam
- Conclusion: Bogenschlag

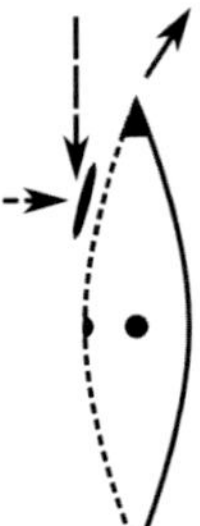

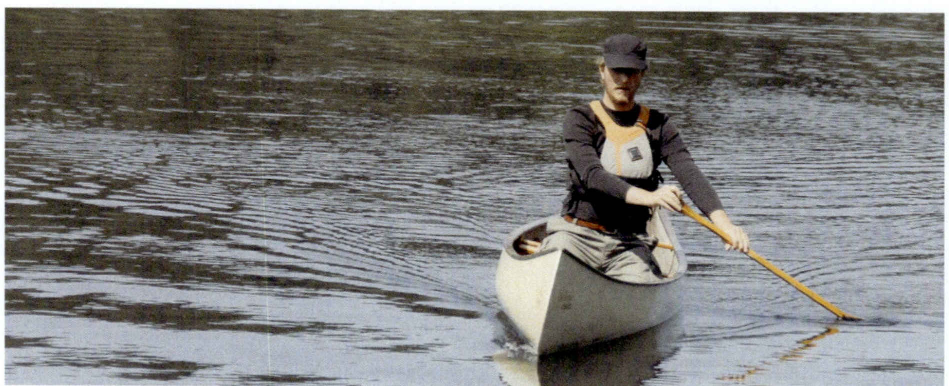

Initiation des Wedge mit einem kurzen Bogenschlag

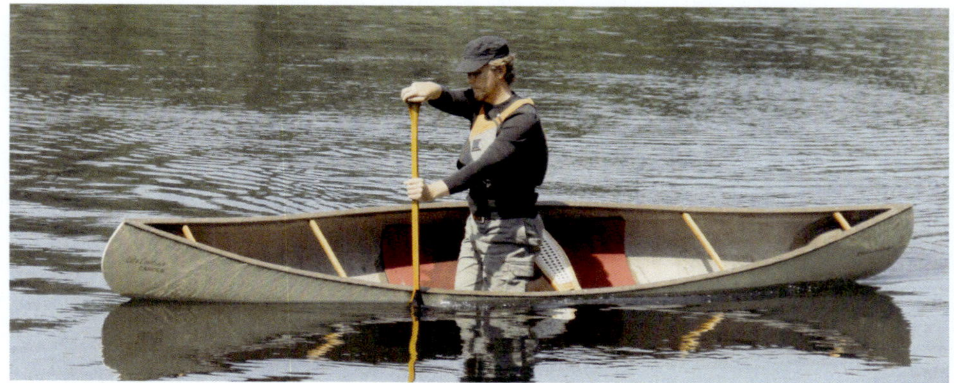

Placement: Bow Jam – Paddelblatt und Rumpf bilden einen Keil

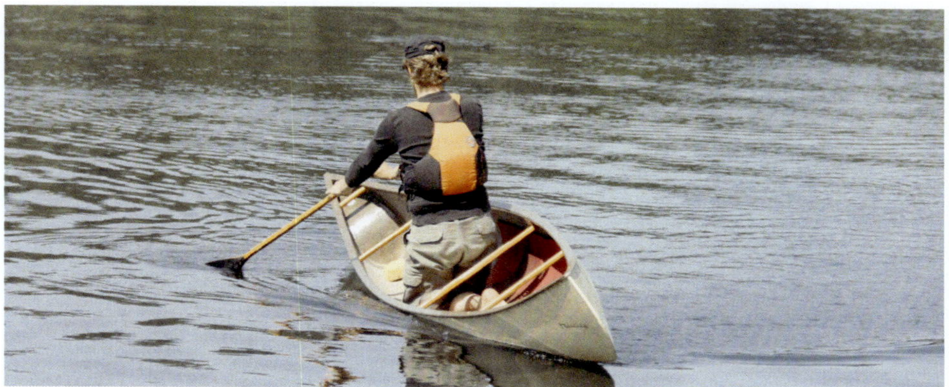

Conclusion des Wedge mit einem Bogenschlag

11.4. Quadrant 2 – Vorwärts Offside

11.4.1. Cross Axle

Der Cross Axle ist eine Kurve zur Offside um eine *Cross Turning High Brace*, wobei das Canoe zur Offside gekantet wird.

Aus der Vorwärtsfahrt erfolgt die *Initiation* mit einem kurzen *Bogenschlag*. Dann wird das Paddel aus dem Wasser genommen und parallel zur Wasseroberfläche über den Bug zur Offside geführt. Das Onside-Knie folgt der Drehung des Oberkörpers zur Offside, um die Kantung zur Offside einzuleiten.

Zum *Placement*, der *Cross Turning High Brace*, wird das Paddel auf der Offside von vorn her wieder eingesetzt. Der Körper folgt dem Paddelschaft in den Kniestand. Das Paddelblatt wird zunächst parallel zur Kiellinie gehalten. Die Placement-Position liegt vor dem *Drehpunkt* des Bootes. Das Canoe vollführt nun den Hauptteil seiner Kurvenbewegung. Um den Druck am Paddelblatt zu erhalten, wird der Blattwinkel graduell geöffnet (*Blade-Pitch*).

Bevor das Boot zum Stillstand kommt, wird das Paddel mit einem *neutralen Slice* nach vorn zur *Conclusion* geführt. Dabei rutscht die Schafthand näher zur Griffhand (*Choke*), um die Reichweite zu vergrößern. Die Conclusion führt mit einem *übergriffenen Bugziehschlag* die Kurvenbewegung des Bootes zu Ende. Das Paddel wird neben dem Bug aus dem Wasser gehoben und flach, parallel zur Wasseroberfläche, wieder über den Bug zurück zur Onside gebracht. Dabei wird die normale Sitzposition eingenommen und das Canoe kommt wieder in seine aufrechte Lage.

Merkhilfe für den Cross Axle:

- Kurvenrichtung: zur Offside
- Initiation: kurzer Bogenschlag
- Heel: zur Offside
- Placement: Cross Turning High Brace, zum Bug versetzt
- Conclusion: übergriffener Bugziehschlag

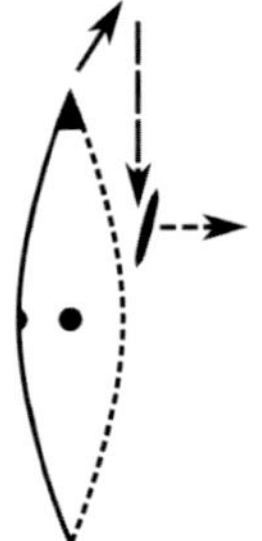

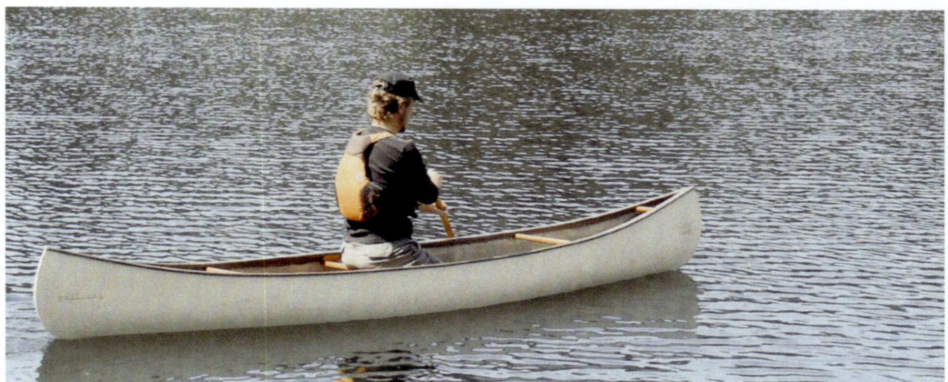

Initiation des Cross Axle mit einem kurzen Bogenschlag

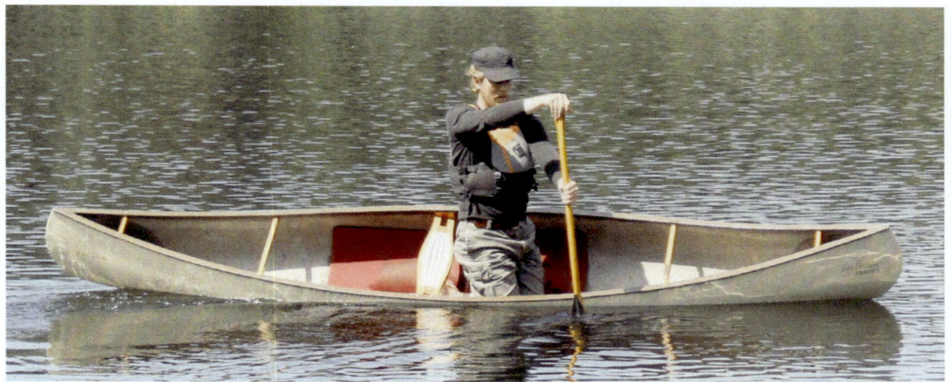

Placement: Cross Turning High Brace mit Kantung zur Offside

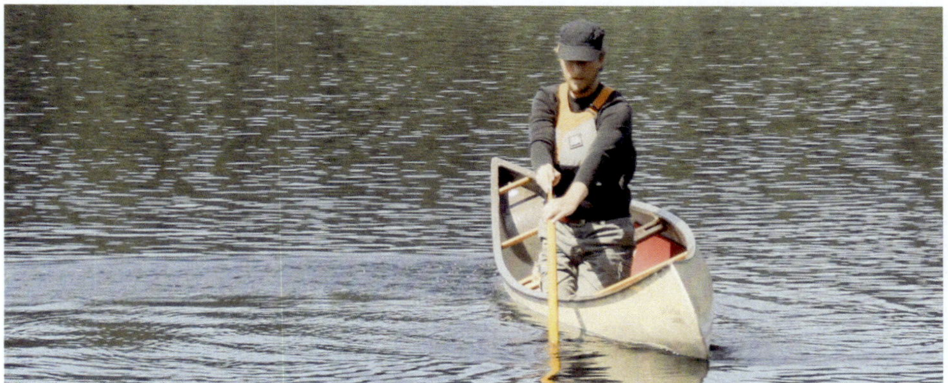

Conclusion mit einem übergriffenen Bugziehschlag

11.4.2. Cross Post

Der Cross Post ist eine Kurve zur Offside um eine *Cross Turning High Brace*, wobei das Canoe zur Onside gekantet wird.

Aus der Vorwärtsfahrt erfolgt die *Initiation* mit einem kurzen *Bogenschlag*. Das Offside-Knie folgt der Drehung des Oberkörpers zur Onside, um die Kantung zur Onside einzuleiten. Dann wird das Paddel aus dem Wasser genommen und parallel zur Wasseroberfläche über den Bug zur Offside geführt.

Zum *Placement*, der *Cross Turning High Brace*, wird das Paddel auf der Offside von vorn her wieder eingesetzt. Der Körper folgt dem Paddel in den Kniestand. Das Paddelblatt wird zunächst parallel zur Kiellinie gehalten. Die Placement-Position ist vor dem *Drehpunkt* des Bootes. Das Canoe vollführt nun den Hauptteil seiner Kurvenbewegung. Um den Druck am Paddelblatt zu erhalten, wird der Blattwinkel graduell geöffnet (*Blade-Pitch*).

Bevor das Boot zum Stillstand kommt, wird das Paddel mit einem *neutralen Slice* nach vorn zur Conclusion geführt. Dabei rutscht die Schafthand näher zur Griffhand (*Choke*), um die Reichweite zu vergrößern. Die *Conclusion* führt mit einem *übergriffenen Bugziehschlag* die Kurvenbewegung des Bootes zu Ende. Das Paddel wird neben dem Bug aus dem Wasser gehoben und flach, parallel zur Wasseroberfläche, wieder über den Bug zurück zur Onside gebracht. Dabei wird die normale Sitzposition eingenommen und das Canoe kommt wieder in seine aufrechte Lage.

Merkhilfe für den Cross Post:

- Kurvenrichtung: zur Offside
- Initiation: kurzer Bogenschlag
- Heel: zur Onside
- Placement: Cross Turning High Brace, zum Bug versetzt
- Conclusion: übergriffener Bugziehschlag

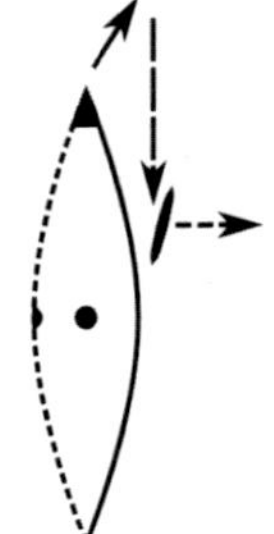

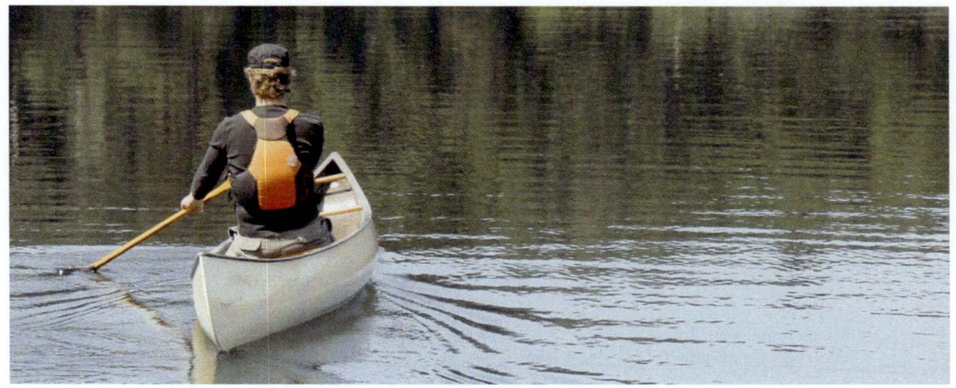

Initiation des Cross Post mit einem kurzen Bogenschlag

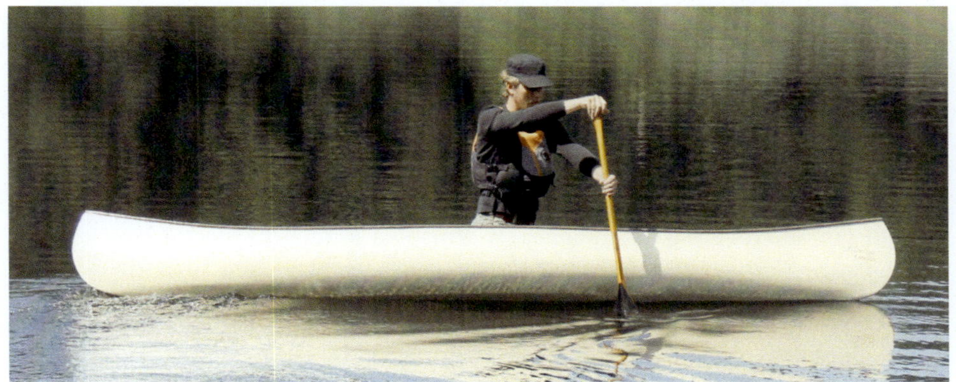

Cross Turning High Brace mit Kantung zur Onside

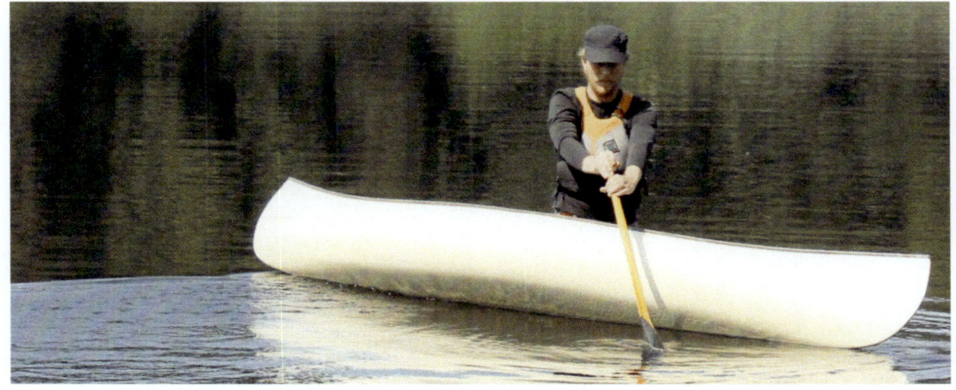

Conclusion mit einem übergriffenen Bugziehschlag

11.4.3. Cross Christie

Der Cross Christie ist eine Kurve zur Offside um eine *Cross Trailing Low Brace*, wobei das Canoe zur Offside gekantet wird.

Aus der Vorwärtsfahrt erfolgt die *Initiation* mit einem kurzen *Bogenschlag*. Das Onside-Knie folgt der Drehung des Oberkörpers zur Offside, um die Kantung zur Offside einzuleiten. Dann wird das Paddel aus dem Wasser genommen und parallel zur Wasseroberfläche über den Bug zur Offside geführt.

Zum *Placement*, der *Cross Trailing Low Brace*, wird das Paddel auf der Offside von vorn her wieder eingesetzt und mit einem *neutralen Slice* parallel zur Kiellinie zum Heck geführt. Während das Paddel den Körper passiert, rutscht die Schafthand sehr nah zur Griffhand (*Choke*) und die Hände senken sich. Dabei passiert die Griffhand den Schafthandarm auf der Innenseite, sodass sich die Unterarme kreuzen. Gleichzeitig folgt der Körper dem Paddel und schraubt sich in den Kniestand hoch. Das Handgelenk der Schafthand liegt nun über der Griffhand. Die äußere Kante des Paddelblattes wird etwas angehoben, damit das anströmende Wasser das Heck leicht zur Onside drücken kann. Nun vollführt das Boot den Hauptteil seiner Kurvenbewegung.

Sobald die Kurvenbewegung nachlässt, wird das Paddel in einer *Cross Reverse Sweeping Low Brace* flach zur Position für einen übergriffenen Bugziehschlag geführt. Dabei heben sich die Hände, und die Kreuzung der Arme wird mit einer *Palmroll* aufgelöst, während das Paddelblatt rechtwinklig zur Wasseroberfläche gestellt wird. Für die *Conclusion* führt ein *übergriffener Bugziehschlag* die Kurvenbewegung des Bootes zu Ende. Das Paddel wird neben dem Bug aus dem Wasser gehoben und flach, parallel zur Wasseroberfläche, wieder über den Bug zurück zur Onside gebracht. Dabei wird die normale Sitzposition eingenommen und das Canoe kommt wieder in seine aufrechte Lage.

Merkhilfe für den Cross Christie:

- Kurvenrichtung: zur Offside
- Initiation: kurzer Bogenschlag
- Heel: zur Offside
- Placement: Cross Trailing Low Brace neben dem Heck
- Conclusion: Cross Reverse Sweeping Low Brace und übergriffener Bugziehschlag

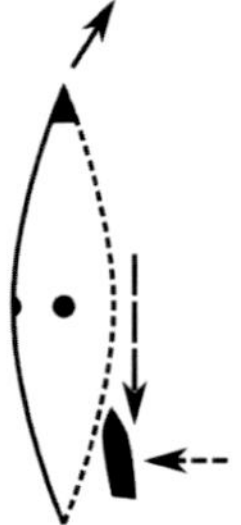

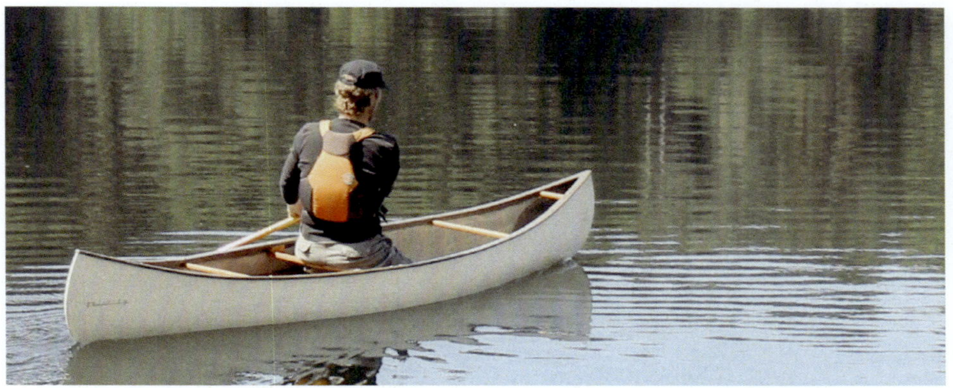

Initiation des Cross Christie mit einem kurzen Bogenschlag

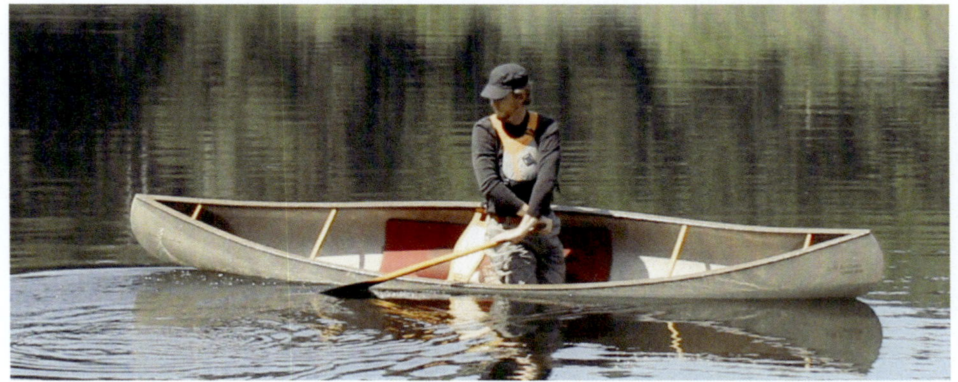

Placement des Cross Christie: Cross Trailing Low Brace

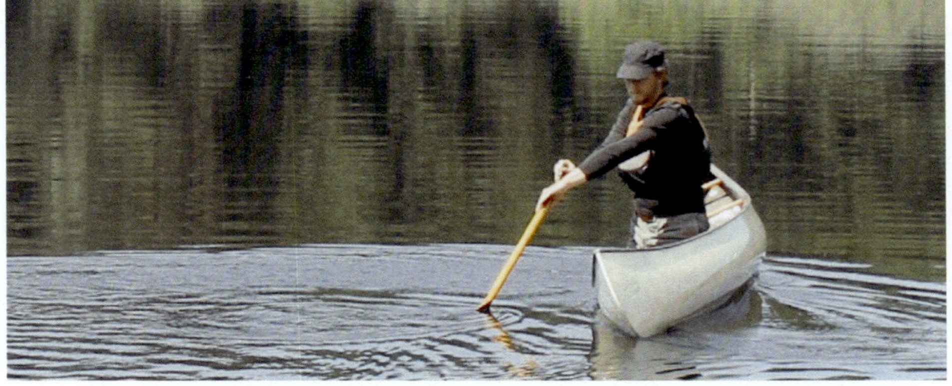

Conclusion: Auflösung der Armkreuzung mit Cross Reverse Sweeping Low Brace und anschließendem übergriffenen Bugziehschlag

11.4.4. Cross Wedge

Der Cross Wedge ist eine Kurve zur Onside mit einem *Cross Jam*, wobei das Canoe zur Offside gekantet wird.

Aus der Vorwärtsfahrt erfolgt die *Initiation* mit einem *J-Schlag*. Dann wird das Paddel aus dem Wasser genommen und parallel zur Wasseroberfläche über den Bug zur Offside geführt. Das Onside-Knie folgt der Drehung des Oberkörpers zur Offside, um die Kantung zur Offside einzuleiten.

Zum *Placement*, dem *Cross Jam*, wird das Paddel auf der Offside von vorn her wieder eingesetzt und am vorderen Teil des Rumpfes angelegt. Dabei folgt der Körper dem Paddel in den Kniestand. Das Paddelblatt wird zwischen Rumpf und anströmendem Wasser eingeklemmt. Blatt und Bootsrumpf bilden so im Wasser einen Keil und der Bug wird zur Onside gedrückt. Der Paddelschaft steht senkrecht, der Kontrolldaumen zeigt nach vorn. Nun vollführt das Boot den Hauptteil seiner Kurvenbewegung.

Sobald die Kurvenbewegung nachlässt, wird das Paddel mit einem *neutralen Slice* oder einem *Loaded Slice* zum Bug geführt. Dabei rutscht die Schafthand näher zur Griffhand (*Choke*), um die Reichweite zu vergrößern. Zur *Conclusion* wird nach einer *Palmroll* ein *übergriffener Bogenschlag* oder ein *übergriffener Vorwärtsschlag* ausgeführt. Am Ende dieses Schlages wird das Paddel mit einem neutralen Slice parallel zur Bordwand zum Bug geführt. Das Paddel wird neben dem Bug aus dem Wasser gehoben und parallel zur Wasseroberfläche wieder über den Bug zurück zur Onside gebracht. Dabei wird die normale Sitzposition eingenommen und das Canoe kommt wieder in seine aufrechte Lage.

Merkhilfe für den Cross Wedge:

- Kurvenrichtung: zur Onside
- Initiation: J-Schlag
- Heel: zur Offside
- Placement: Cross Jam
- Conclusion: übergriffener Bogen- oder Vorwärtschlag

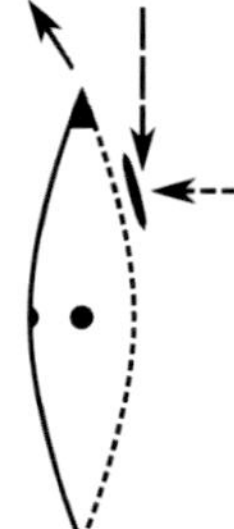

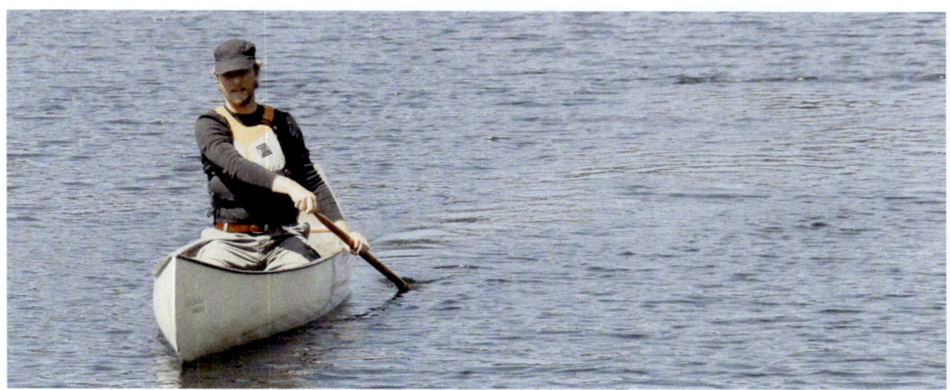

Initiation des Cross Wedge mit einem J-Schlag

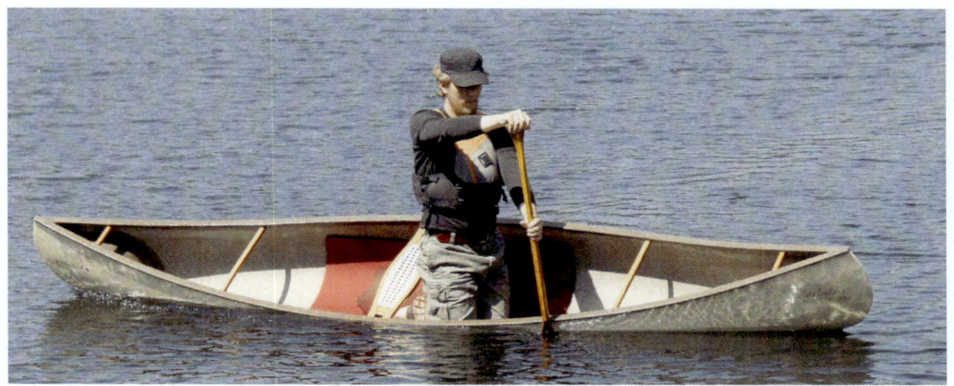

Placement: Cross Jam – Paddelblatt und Rumpf bilden einen Keil

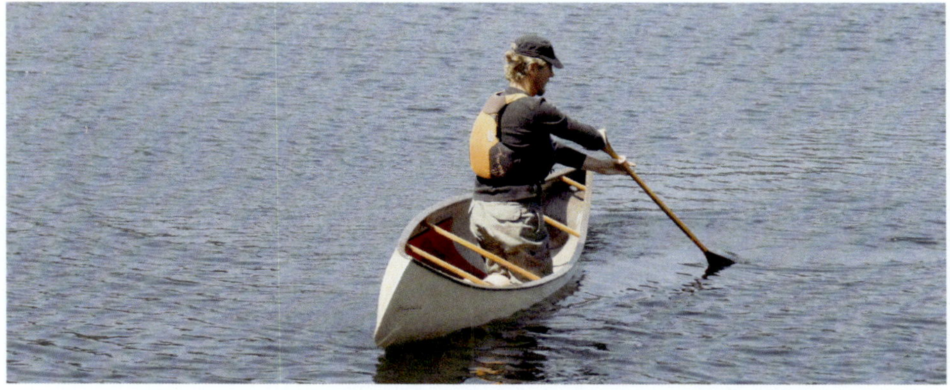

Conclusion des Cross Wedge mit einem übergriffenen Bogenschlag

11.5. Quadrant 3 – Rückwärts Onside

11.5.1. Reverse Axle

Der Reverse Axle ist eine Kurve zur Onside um eine *Turning High Brace*, wobei das Canoe zur Onside gekantet wird. Das Boot fährt dabei rückwärts.

Aus der Rückwärtsfahrt erfolgt die *Initiation* mit einem *Rückwärts-J-Schlag.*

Mit einem *neutralen Slice* wird das Paddel hinter den Sitz zum Placement geführt. Das Offside-Knie folgt der Drehung des Oberkörpers zur Onside, um die Kantung einzuleiten. Das Körpergewicht wird stärker auf den Sitz verlagert. Zum *Placement*, der *Turning High Brace*, wird der Paddelschaft vertikal – falls nötig, leicht diagonal – und das Paddelblatt zunächst parallel zur Bordwand gehalten. Die Placement-Position ist vom *Drehpunkt* des Bootes in Fahrtrichtung versetzt. Das Canoe vollführt nun den Hauptteil seiner Kurvenbewegung. Um den Druck am Paddelblatt zu erhalten, wird der Blattwinkel graduell geöffnet (*Blade-Pitch*).

Bevor das Boot zum Stillstand kommt, wird das Paddel mit einem neutralen Slice zur *Conclusion* neben das Heck geführt. Ein *Heckziehschlag* führt die Kurvenbewegung des Bootes zu Ende. Abschließend wird das Canoe wieder in seine aufrechte Lage gebracht.

Merkhilfe für den Reverse Axle:

- Kurvenrichtung: rückwärts Onside
- Initiation: Rückwärts-J-Schlag
- Heel: zur Onside
- Placement: Turning High Brace, zum Heck versetzt
- Conclusion: Heckziehschlag

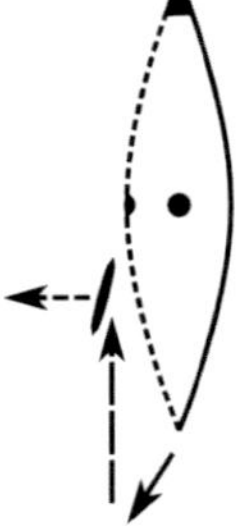

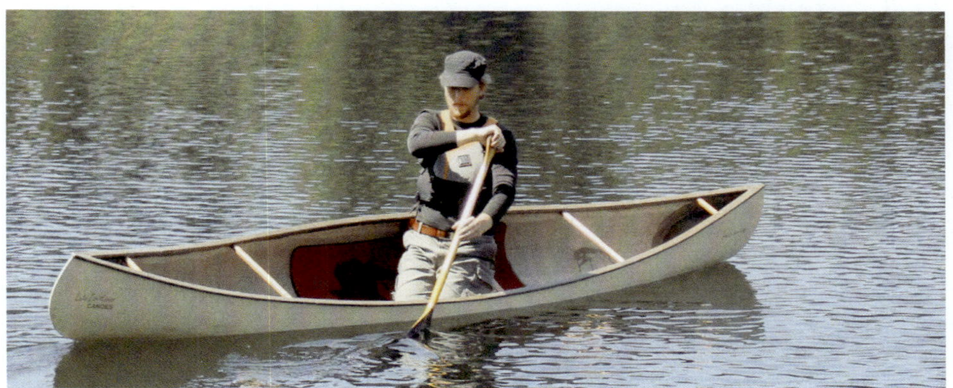

Initiation aus der Rückwärtsfahrt mit einem Rückwärts-J-Schlag

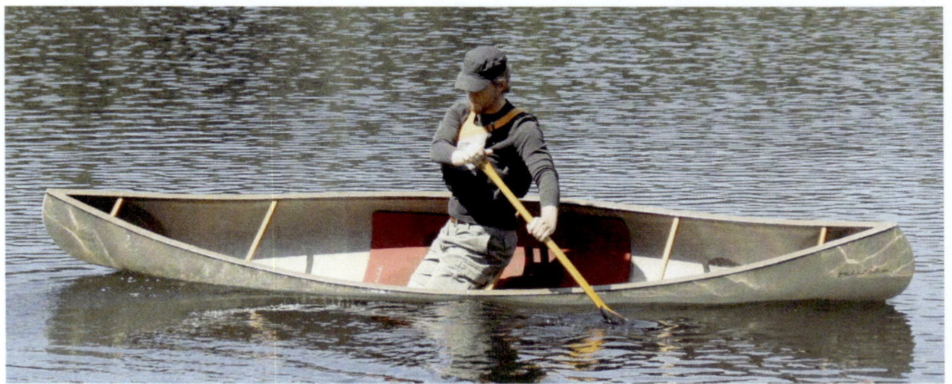

Placement: Turning High Brace, Kantung zur Onside

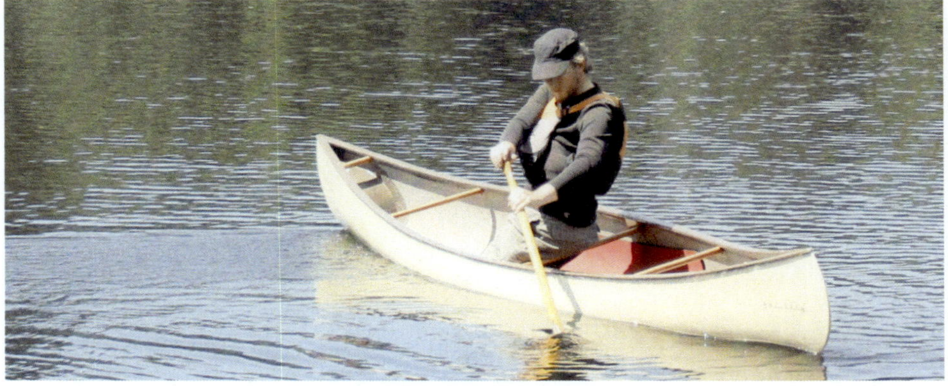

Conclusion: Heckziehschlag

11.5.2. Reverse Post

Der Reverse Post ist eine enge Kurve zur Onside um eine *Turning High Brace*, wobei das Canoe zur Offside gekantet wird. Das Boot fährt dabei rückwärts.

Aus der Rückwärtsfahrt erfolgt die *Initiation* mit einem *Rückwärts-J-Schlag*.

Das Onside-Knie rutscht zur Offside, um die Kantung einzuleiten. Mit einem *neutralen Slice* wird das Paddel hinter dem Sitz zum Placement geführt. Wenn möglich, wird das Körpergewicht etwas zum Heck verlagert. Zum *Placement*, der *Turning High Brace*, wird der Paddelschaft vertikal – falls nötig, leicht diagonal – und das Paddelblatt zunächst parallel zur Bordwand gehalten. Die Placement-Position ist vom *Drehpunkt* des Bootes in Fahrtrichtung versetzt. Das Canoe vollführt nun den Hauptteil seiner Kurvenbewegung. Um den Druck am Paddelblatt zu erhalten, wird der Blattwinkel graduell geöffnet (*Blade-Pitch*).

Bevor das Boot zum Stillstand kommt, wird das Paddel mit einem neutralen Slice zur *Conclusion* neben das Heck geführt. Ein *Heckziehschlag* führt die Kurvenbewegung des Bootes zu Ende. Abschließend wird das Canoe wieder in seine aufrechte Lage gebracht.

Merkhilfe für den Reverse Post:

- Kurvenrichtung: rückwärts Onside
- Initiation: Rückwärts-J-Schlag
- Heel: zur Offside
- Placement: Turning High Brace, zum Heck versetzt
- Conclusion: Heckziehschlag

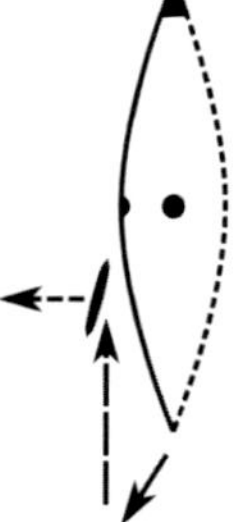

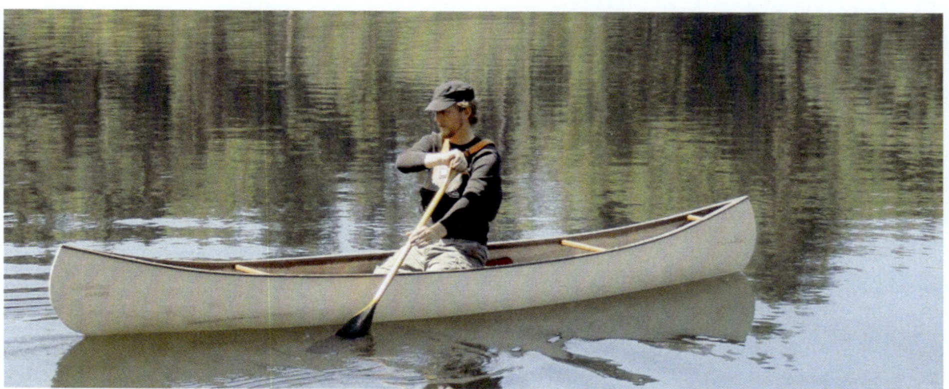

Initiation aus der Rückwärtsfahrt mit einem Rückwärts-J-Schlag

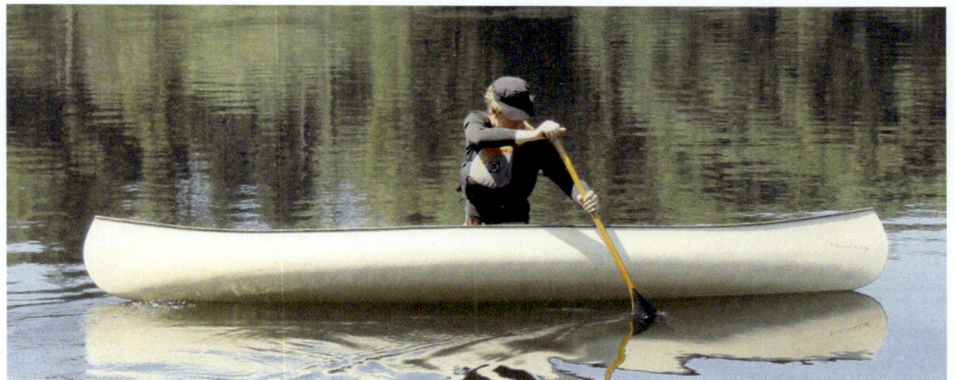

Placement: Turning High Brace, Kantung zur Offside

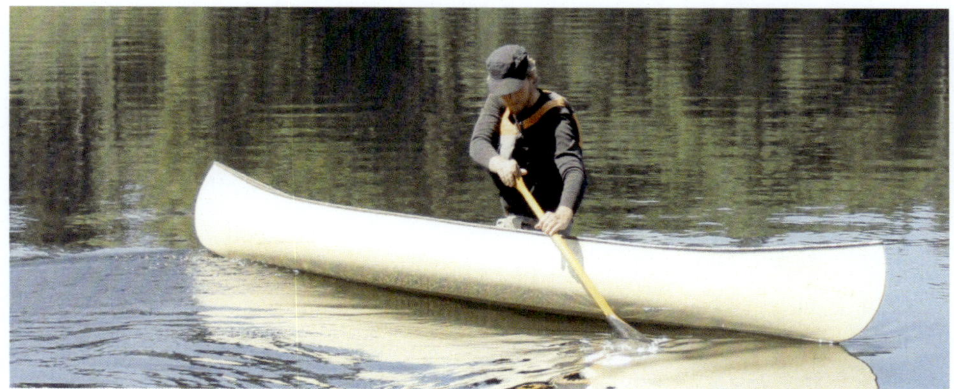

Conclusion: Heckziehschlag

11.5.3. Reverse Christie

Der Reverse Christie ist eine weite Kurve zur Onside um eine *Trailing Low Brace*, wobei das Canoe zur Onside gekantet wird. Das Boot fährt dabei rückwärts.

Aus der Rückwärtsbewegung des Canoes erfolgt die *Initiation* mit einem *Rückwärts-J-Schlag*. Das Offside-Knie rutscht zur Onside, um die Kantung einzuleiten.

Für das *Placement* rutscht die Schafthand mit einem *Choke* näher zur Griffhand, um die Reichweite zu vergrößern. Die Hände senken sich, und das Paddelblatt wird neben dem Bug als *Trailing Low Brace* auf die Wasseroberfläche aufgelegt. Die Knöchel der Griffhand zeigen dabei nach unten. Die äußere Kante des Paddelblattes wird etwas angehoben, damit das anströmende Wasser den Bug zur Offside drücken kann. Das Körpergewicht wird stärker auf den Sitz verlagert. Nun vollführt das Boot den Hauptteil seiner Kurvenbewegung.

Wenn die Kurvenbewegung nachlässt, wird das Paddel in einer *Sweeping Low Brace* flach zur Position für einen Heckziehschlag geführt. Währenddessen heben sich die Hände leicht, und die Griffhand greift mit einer *Palmroll* um. Für die *Conclusion* führt ein *Heckziehschlag* die Kurvenbewegung des Bootes zu Ende. Abschließend wird das Canoe wieder in seine aufrechte Lage gebracht.

Merkhilfe für den Reverse Christie:

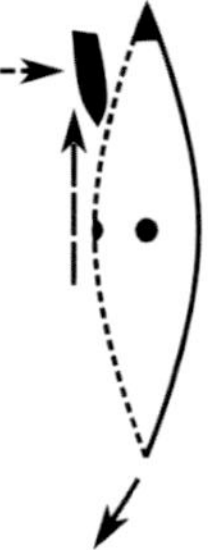

- Kurvenrichtung: rückwärts Onside
- Initiation: Rückwärts-J-Schlag
- Heel: zur Onside
- Placement: Trailing Low Brace neben dem Bug
- Conclusion: Sweeping Low Brace, Heckziehschlag

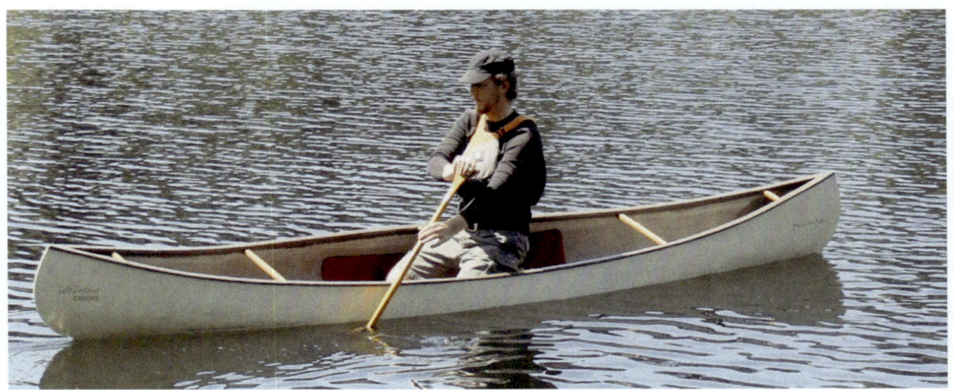

Initiation des Reverse Christie mit einem Rückwärts-J-Schlag

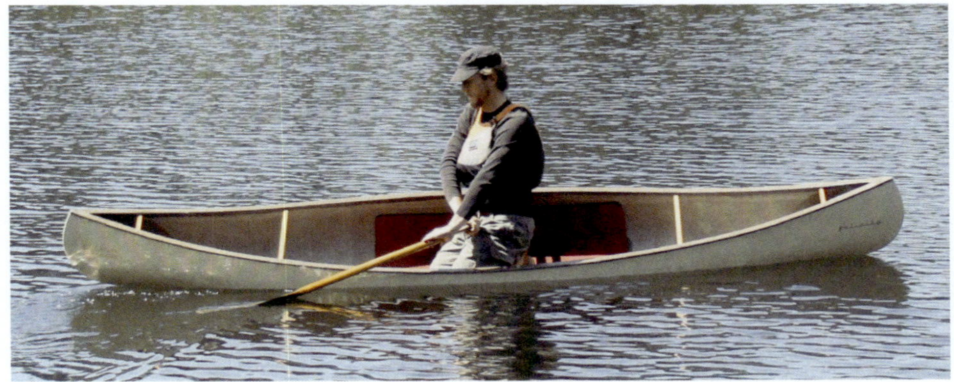

Das Placement: eine Trailing Low Brace, Heel zur Onside

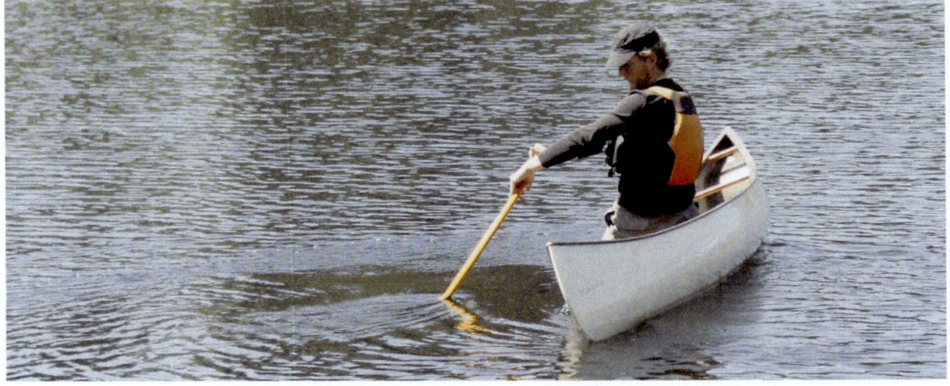

Die Conclusion nach einer Sweeping Low Brace – Heckziehschlag

11.5.4. Reverse Wedge

Der Reverse Wedge ist eine Kurve zur Offside mit einem *Stern Jam*, wobei das Canoe zur Onside gekantet wird. Das Boot fährt dabei rückwärts.

Aus der Rückwärtsfahrt erfolgt die *Initiation* mit einem *Rückwärtsschlag* oder einem kurzen *Rückwärts-Bogenschlag.*

Zum *Placement* wird das Paddel mit einem *neutralen Slice* als *Stern Jam* am Heck angelegt. Dabei folgt das Offside-Knie der Drehung des Oberkörpers zur Onside, um die Kantung einzuleiten. Das Körpergewicht wird stärker auf den Sitz verlagert. Das Paddelblatt wird zwischen Rumpf und anströmendem Wasser eingeklemmt. Blatt und Bootsrumpf bilden so im Wasser einen Keil, und das Heck wird zur Offside geschoben. Das Canoe vollführt nun den Hauptteil seiner Kurvenbewegung.

Für die *Conclusion* führt ein *Rückwärts-Bogenschlag* mit *Palmroll* die Kurvenbewegung des Bootes zu Ende. Abschließend wird das Canoe wieder in seine aufrechte Lage gebracht.

Merkhilfe für den Reverse Wedge:

- Kurvenrichtung: rückwärts Offside
- Initiation: Rückwärtsschlag oder Rückwärts-Bogenschlag
- Heel: zur Onside
- Placement: Stern Jam
- Conclusion: Rückwärts-Bogenschlag

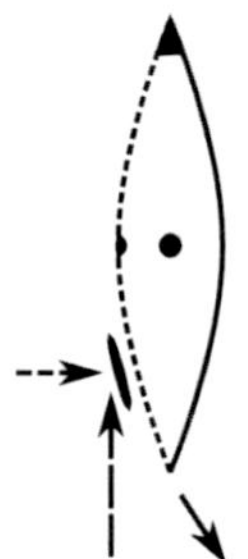

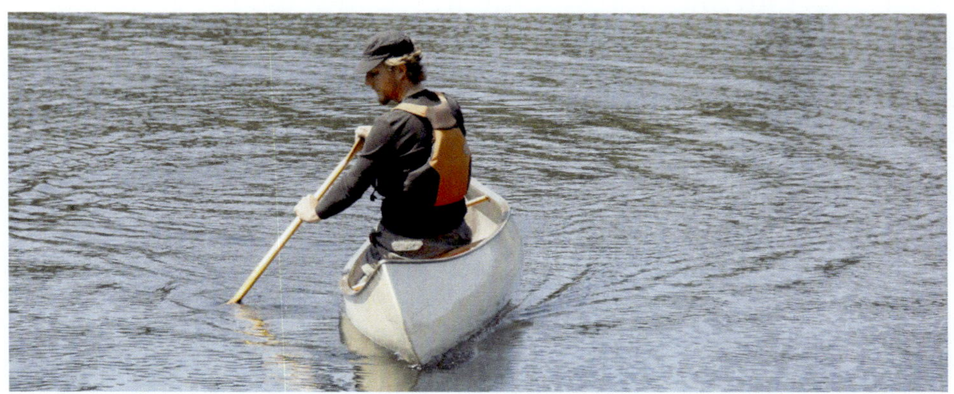

Initiation aus der Rückwärtsfahrt mit einem Rückwärts-Bogenschlag

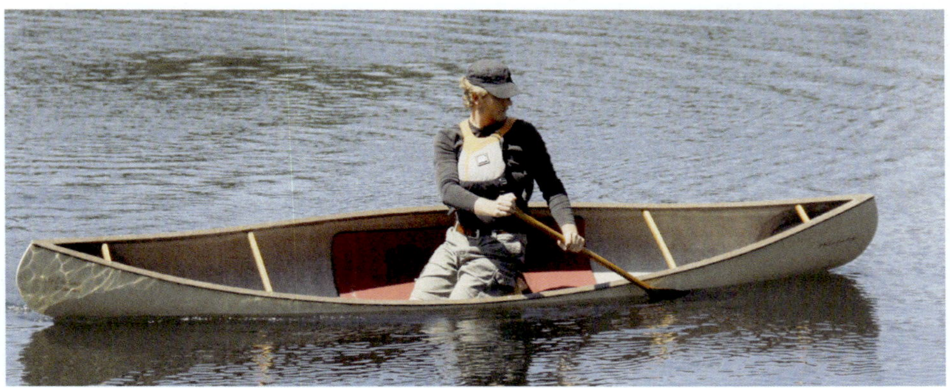

Placement: Stern Jam, Kantung zur Onside

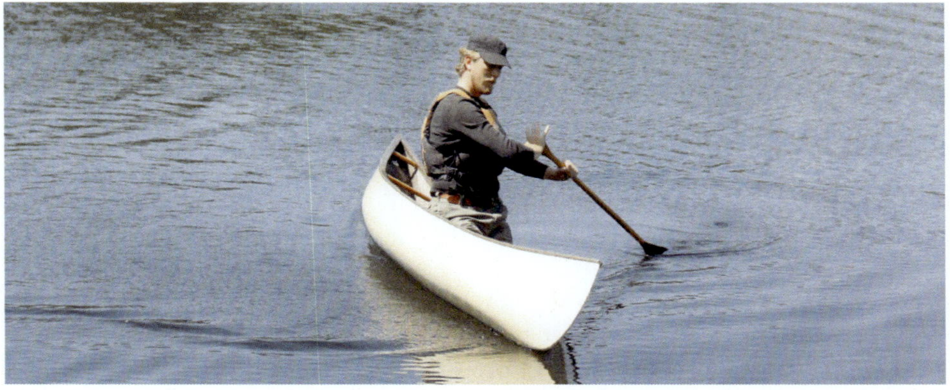

Conclusion: Rückwärts-Bogenschlag

11.6. Quadrant 4 – Rückwärts Offside

11.6.1. Cross Reverse Axle

Der Cross Reverse Axle ist eine Kurve zur Offside um eine *Cross Turning High Brace*, wobei das Canoe zur Offside gekantet wird. Das Boot fährt dabei rückwärts.

Aus der Rückwärtsfahrt erfolgt die *Initiation* mit einem *Rückwärtsschlag* oder *Rückwärts-Bogenschlag*. Dann wird das Paddel aus dem Wasser genommen und parallel zur Wasseroberfläche über den Bug zur Offside geführt. Das Onside-Knie folgt der Drehung des Oberkörpers, um die Kantung zur Offside einzuleiten.

Zum *Placement*, der *Cross Turning High Brace*, wird das Paddel auf der Offside vom Bug her wieder eingesetzt. Das Körpergewicht wird mit der Hinwendung zur Offside stärker auf den Sitz verlagert. Das Paddelblatt wird zunächst parallel zur Bordwand gehalten. Die Placement-Position ist in Fahrtrichtung des Bootes versetzt. Das Canoe vollführt nun den Hauptteil seiner Kurvenbewegung. Um den Druck am Paddelblatt zu erhalten, wird der Blattwinkel graduell geöffnet (*Blade-Pitch*).

Bevor das Boot zum Stillstand kommt, wird das Paddel mit einem *neutralen Slice* zur Conclusion neben das Heck geführt. Dabei rutscht die Schafthand näher zur Griffhand (*Choke*), um die Reichweite zu vergrößern. Die *Conclusion* führt mit einem *übergriffenen Heckziehschlag* die Kurvenbewegung des Bootes zu Ende. Danach führt ein neutraler Slice das Paddelblatt zum Bug. Dabei wird die normale Sitzposition eingenommen, und das Canoe kommt wieder in seine aufrechte Lage. Das Paddel wird aus dem Wasser gehoben und parallel zur Wasseroberfläche über den Bug zurück zur Onside gebracht.

Merkhilfe für den Cross Reverse Axle:

- Kurvenrichtung: zur Offside
- Initiation: Rückwärtsschlag oder Rückwärts-Bogenschlag
- Heel: zur Offside
- Placement: Cross Turning High Brace, zum Heck versetzt
- Conclusion: übergriffener Heckziehschlag

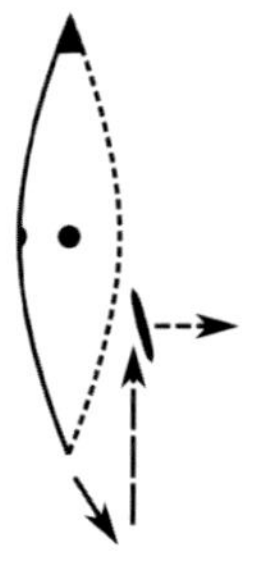

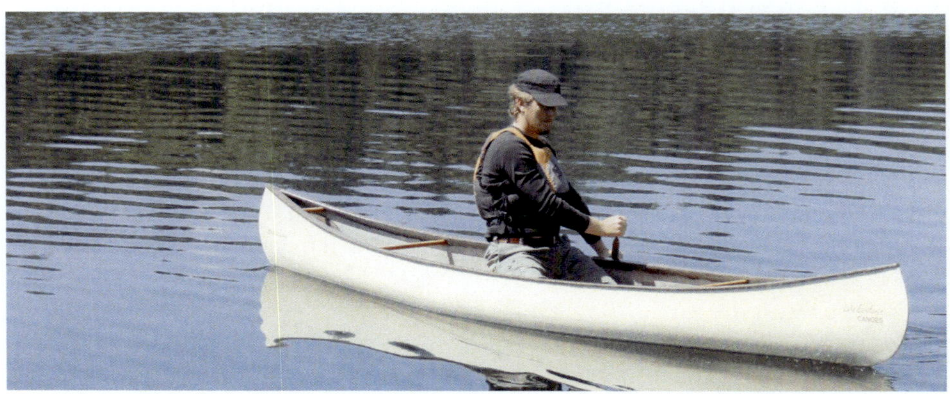

Initiation des Cross Reverse Axle mit einem Rückwärts-Bogenschlag

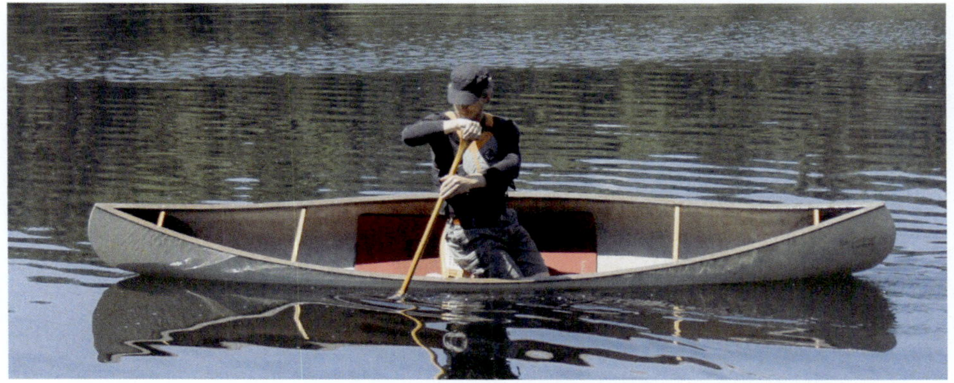

Placement: Cross Turning High Brace mit Kantung zur Offside

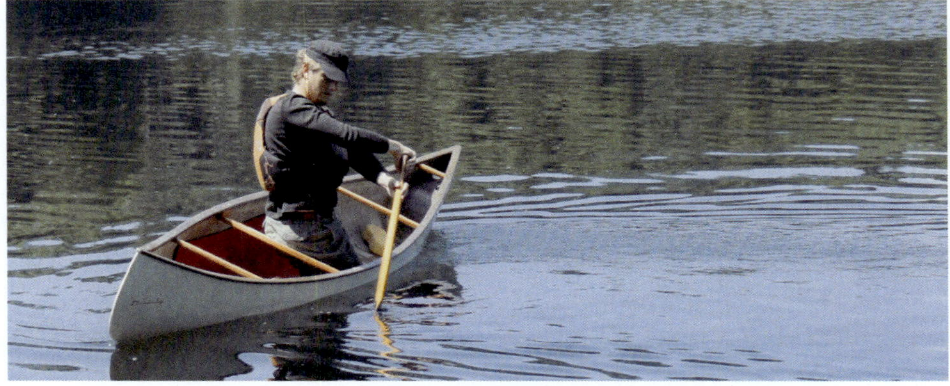

Conclusion mit einem übergriffenen Heckziehschlag

11.6.2. Cross Reverse Post

Der Cross Reverse Post ist eine Kurve zur Offside um eine *Cross Turning High Brace*, wobei das Canoe zur Onside gekantet wird. Das Boot fährt dabei rückwärts.

Aus der Rückwärtsfahrt erfolgt die *Initiation* mit einem *Rückwärtsschlag* oder *Rückwärts-Bogenschlag*. Dann wird das Paddel aus dem Wasser genommen und parallel zur Wasseroberfläche über den Bug zur Offside geführt.

Zum *Placement*, der *Cross Turning High Brace*, wird das Paddel auf der Offside von vorn her wieder eingesetzt. Das Offside-Knie rutscht zur Onside, um die Kantung zur Onside einzuleiten. Das Körpergewicht wird mit der Hinwendung zur Offside stärker auf den Sitz verlagert. Das Paddelblatt wird zunächst parallel zur Bordwand gehalten. Die Placement-Position ist in Fahrtrichtung des Bootes versetzt. Das Canoe vollführt nun den Hauptteil seiner Kurvenbewegung. Um den Druck am Paddelblatt zu erhalten, wird der Blattwinkel graduell geöffnet (*Blade-Pitch*).

Bevor das Boot zum Stillstand kommt, wird das Paddel mit einem *neutralen Slice* zur Conclusion neben das Heck geführt. Dabei rutscht die Schafthand näher zur Griffhand (*Choke*), um die Reichweite zu vergrößern. Die *Conclusion* führt mit einem *übergriffenen Heckziehschlag* die Kurvenbewegung des Bootes zu Ende. Ein neutraler Slice führt das Paddelblatt zum Bug. Dabei wird die normale Sitzposition eingenommen, und das Canoe kommt wieder in seine aufrechte Lage. Am Bug wird das Paddel aus dem Wasser gehoben und parallel zur Wasseroberfläche wieder über den Bug zurück zur Onside gebracht.

Merkhilfe für den Cross Reverse Post:

- Kurvenrichtung: zur Offside
- Initiation: Rückwärtsschlag oder Rückwärts-Bogenschlag
- Heel: zur Onside
- Placement: Cross Turning High Brace, zum Heck versetzt
- Conclusion: übergriffener Heckziehschlag

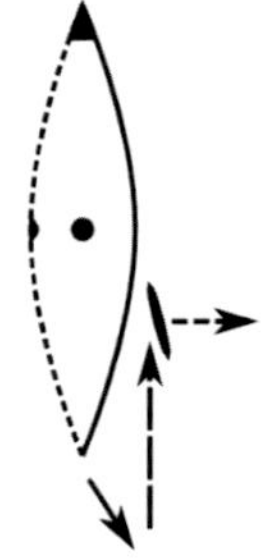

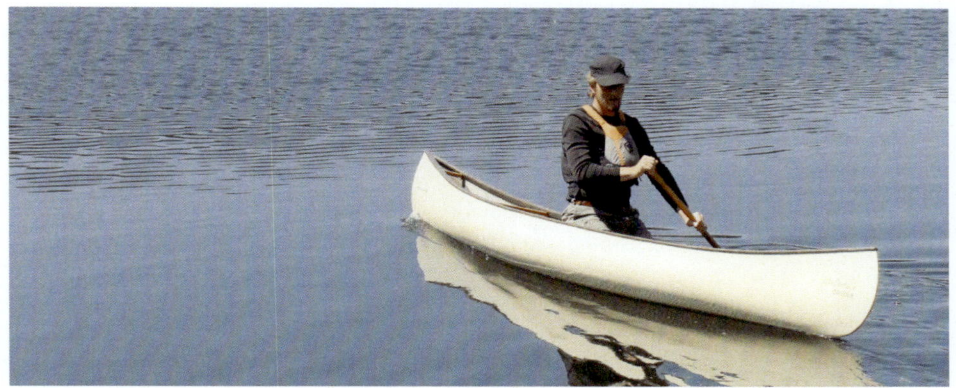

Initiation des Cross Reverse Post mit einem Rückwärts-Bogenschlag

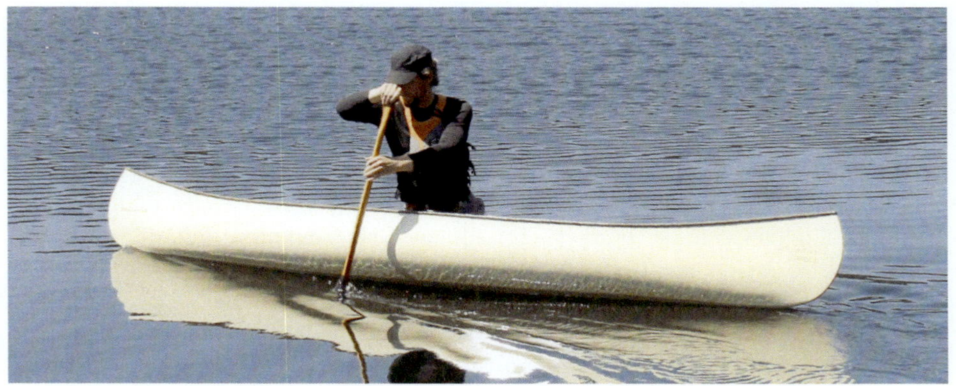

Placement: Cross Turning High Brace mit Kantung zur Onside

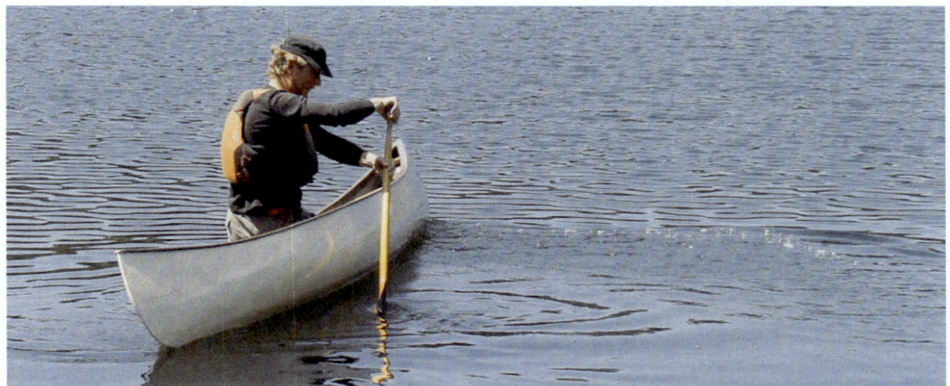

Conclusion mit einem übergriffenen Heckziehschlag

11.6.3. Cross Reverse Christie

Der Cross Reverse Christie ist eine weite Kurve zur Offside um eine *Cross Trailing Low Brace*, wobei das Canoe zur Offside gekantet wird. Das Boot fährt dabei rückwärts.

Aus der Rückwärtsbewegung des Canoes erfolgt die *Initiation* mit einem *Rückwärtsschlag* oder *Rückwärts-Bogenschlag*. Neben dem Bug wird das Paddel aus dem Wasser gehoben und flach über den Bug zur Offside geführt. Das Onside-Knie folgt der Drehung des Oberkörpers zur Offside, um die Kantung einzuleiten.

Für das *Placement* wird das Paddelblatt neben dem Bug als *Cross Trailing Low Brace* auf die Wasseroberfläche aufgelegt. Die Hände senken sich, und die Schafthand rutscht mit einem *Choke* näher zu Griffhand. Die Knöchel der Griffhand zeigen dabei nach unten. Die äußere Kante des Paddelblattes wird etwas angehoben, damit das anströmende Wasser den Bug zur Onside drücken kann. Das Körpergewicht wird etwas zum Heck hin verlagert. Nun vollführt das Boot den Hauptteil seiner Kurvenbewegung.

Wenn die Kurvenbewegung nachlässt, wird das Paddel in einer *Cross Sweeping Low Brace* flach zur Position für einen übergriffenen Heckziehschlag geführt. Währenddessen heben sich die Hände leicht, und die Griffhand greift mit einer *Palmroll* um. Zur *Conclusion* führt ein *übergriffener Heckziehschlag* die Kurvenbewegung des Bootes zu Ende, und das Paddel wird mit einem *neutralen Slice* zurück zum Bug geführt. Dabei wird das Canoe wieder in seine aufrechte Lage gebracht. Neben dem Bug hebt man das Paddel aus dem Wasser, um es flach über den Bug zurück zur Onside zu bringen.

Merkhilfe für den Cross Reverse Christie:

- Kurvenrichtung: rückwärts Offside
- Initiation: Rückwärtsschlag oder Rückwärts-Bogenschlag
- Heel: zur Offside
- Placement: Cross Trailing Low Brace neben dem Bug
- Conclusion: Cross Sweeping Low Brace, übergriffener Heckziehschlag

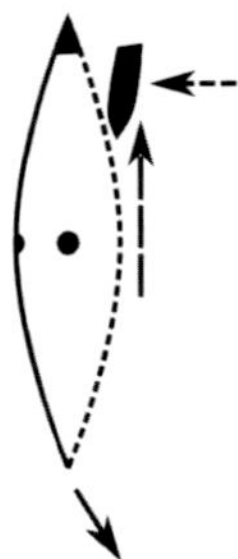

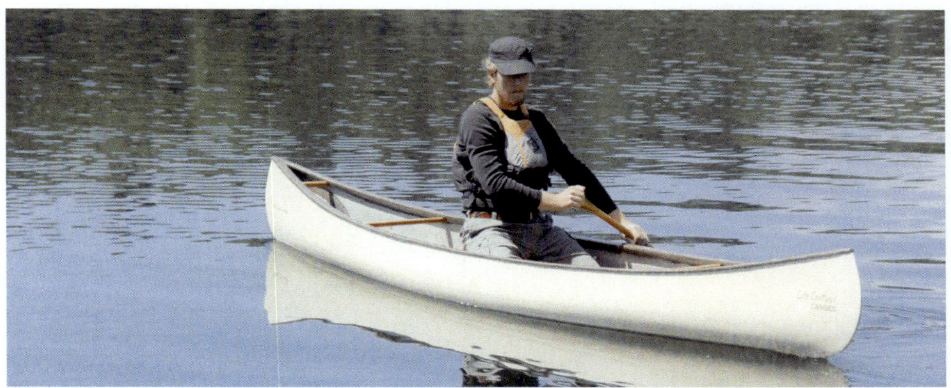

Initiation des Cross Reverse Christie mit einem Rückwärts-Bogenschlag

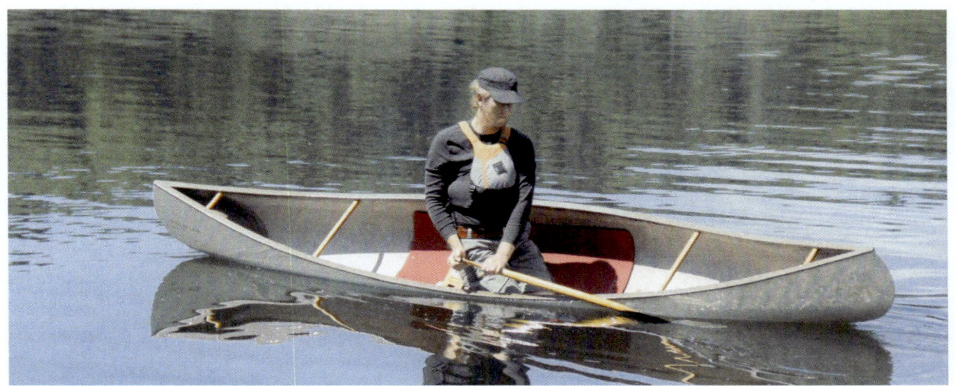

Das Placement: eine Cross Trailing Low Brace, Heel zur Offside

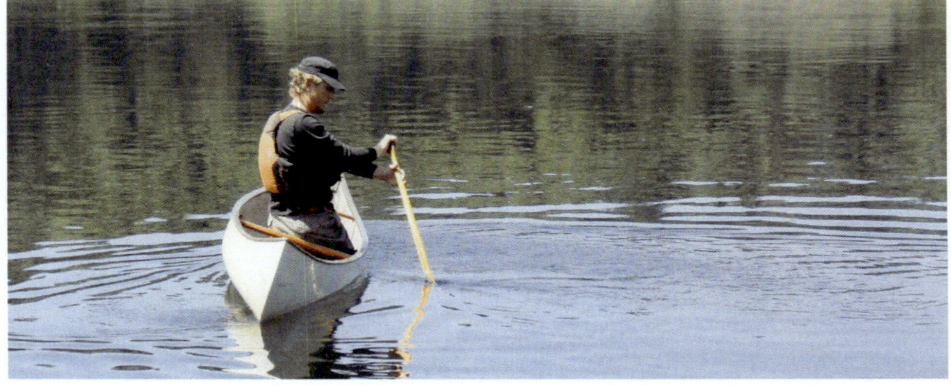

Die Conclusion nach einer Cross Sweeping Low Brace: übergriffener Heckziehschlag

11.6.4. Cross Reverse Wedge

Der Cross Reverse Wedge ist eine Kurve zur Onside mit einem *Cross Stern Jam*, wobei das Canoe zur Offside gekantet wird. Das Boot fährt dabei rückwärts.

Aus der Rückwärtsfahrt erfolgt die *Initiation* mit einem *Rückwärts-J-Schlag*. Anschließend wird das Paddel aus dem Wasser gehoben und flach über den Bug zur Offside geführt.

Zum Placement gelangt man, indem man das Paddel neben dem Bug wieder einsetzt und mit einem *neutralen Slice* am Boot entlang nach hinten führt. Dabei folgt das Onside-Knie der Drehung des Oberkörpers zur Offside, um die Kantung einzuleiten, und das Körpergewicht wird etwas in Fahrtrichtung verlagert. Zum *Placement* wird das Paddelblatt als *Cross Stern Jam* am Heck angelegt. Das Paddelblatt wird zwischen Rumpf und anströmendem Wasser eingeklemmt. Blatt und Bootsrumpf bilden so im Wasser einen Keil, und das Heck wird zur Onside geschoben. Das Canoe vollführt nun den Hauptteil seiner Kurvenbewegung.

In der *Conclusion* führt ein *übergriffener Rückwärts-Bogenschlag* mit *Palmroll* die Kurvenbewegung des Bootes zu Ende. Abschließend wird das Canoe wieder in seine aufrechte Lage gebracht. Dann hebt man das Paddel aus dem Wasser und bringt es flach über den Bug zurück zur Onside.

Merkhilfe für den Cross Reverse Wedge:

- Kurvenrichtung: rückwärts Onside
- Initiation: Rückwärts-J-Schlag
- Heel: zur Offside
- Placement: Cross Stern Jam
- Conclusion: übergriffener Rückwärts-Bogenschlag

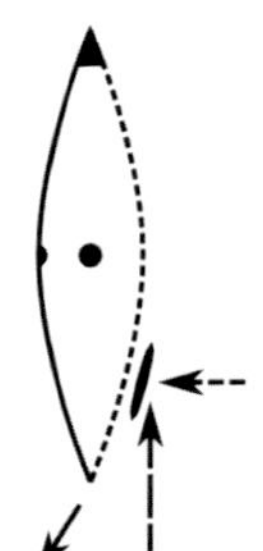

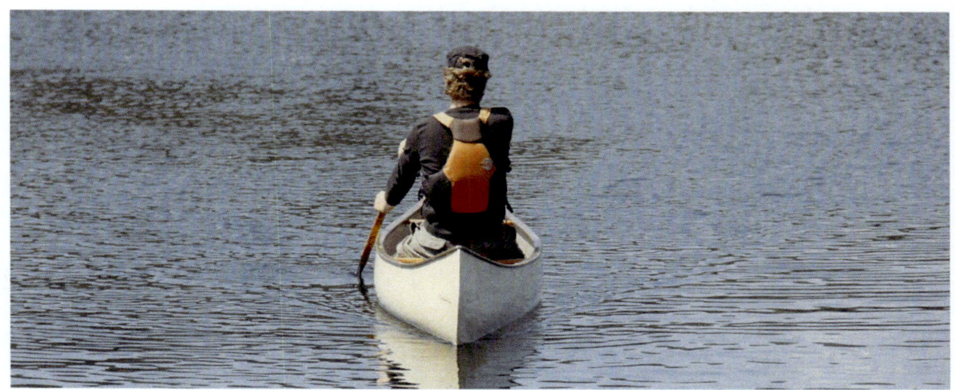

Initiation aus der Rückwärtsfahrt mit einem Rückwärts-J-Schlag

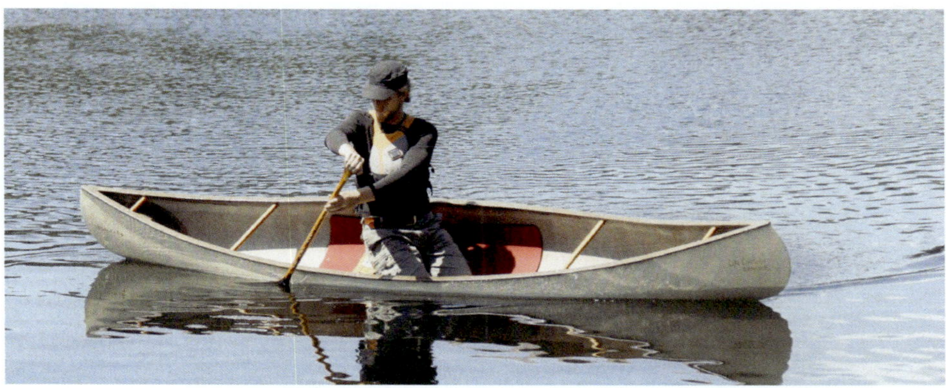

Placement: Cross Stern Jam, Kantung zur Offside

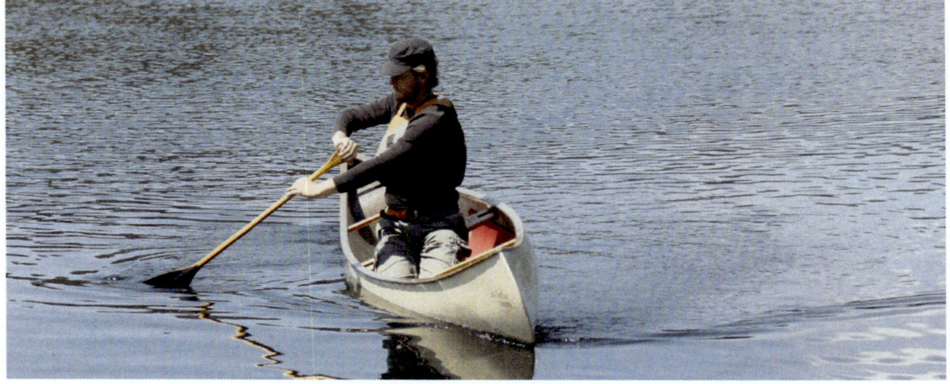

Conclusion: übergriffener Rückwärts-Bogenschlag

11.7. Alternative Initiations auf der Offside

In den zuvor beschriebenen Standardvarianten werden alle Manöver – auch die Offside-Manöver – auf der Onside eingeleitet. Was aber, wenn man nach einem Offside-Manöver ein weiteres Manöver auf der Offside anschließen möchte? In diesem Fall ist es natürlich eleganter, auf der Offside zu bleiben und das nächste Manöver gleich dort einzuleiten.

Die Initiations auf der Offside entsprechen denen eines normalen Onside-Manövers, nur eben in den übergriffenen Varianten. Die Initiation für einen *Axle* ist ein *J-Schlag*. Eine mögliche Offside-Einleitung für einen *Cross Axle* wäre demnach ein übergriffener J-Schlag.

Man kann sich vorstellen, dass die Position für diesen Schlag recht schwer zu erreichen ist. Dazu muss man sich schon sehr stark der Offside zuwenden. In den meisten Fällen bietet sich hier die *Transverse*-Position an (Seite 139), aus der eigentlich alle übergriffenen Paddelschläge, insbesondere im Heck, wesentlich einfacher sind.

Um die gesamte Schlaglänge auf der Offside zu nutzen, kann man den Schlag ähnlich dem *kombinierten Rückwärtsschlag* in einen *übergriffenen Vorwärtsschlag* und einen übergriffenen J-Schlag aufteilen. Der übergriffene Vorwärtsschlag geht dabei maximal bis zum Knie. Dann wendet man das Blatt mit einem *Bladeflip*. Dadurch zeigt der Daumen der Griffhand vom Boot weg. Der restliche Bewegungsablauf ist dann ganz bequem wie bei einem normalen *Rückwärts-J-Schlag.*

Zusätzlichen Bewegungsspielraum erhält man, wenn man die Schafthand mit einem *Choke* etwas näher zur Griffhand rutschen lässt. Dadurch kommen sich Griffhand und Unterarm der Schafthand nicht so leicht ins Gehege.

Unproblematischer sind alle Schläge, die ohnehin in der vorderen Hälfte des Bootes stattfinden – also übergriffene Vorwärtsschläge oder *Bogenschläge* als Offside-Einleitung für einen *Cross Wedge.*

Man kann aber auch die Cross-Manöver mit Kurvenrichtung zur Offside im Bug einleiten. Dazu ersetzt man den übergriffenen J-Schlag (die Standardeinleitung auf der Offside für *Cross Axle*, *Cross Post* und *Cross Christie*) durch einen *übergriffenen Bugziehschlag* und führt das Paddelblatt mit einem *neutralen Slice* etwas zurück zum Placement. Das erfordert ein wenig Übung, ist aber, je nach Sitzposition, deutlich bequemer, als das Paddel zu übergriffenen Schlägen im Heck zu führen.

Grundsätzlich ist alles, was als Einleitung funktioniert, erlaubt. Man sollte allerdings darauf achten, dass weder die Einleitung, noch der anschließende Transport des Paddels von der Initiation zur Placement-Position den Lauf des Bootes stören.

Manöver	**Onside-Einleitung**	**Offside-Einleitungen**
Cross Axle	kurzer Bogenschlag	übergriffener J-Schlag / übergriffener Bugziehschlag
Cross Post	kurzer Bogenschlag	übergriffener J-Schlag / übergriffener Bugziehschlag
Cross Christie	kurzer Bogenschlag	übergriffener J-Schlag / übergriffener Bugziehschlag
Cross Wedge	J-Schlag	kurzer übergriffener Bogenschlag
Cross Reverse Axle	Rückwärts-Bogenschlag	übergriffener Rückwärts-J-Schlag
Cross Reverse Post	Rückwärts-Bogenschlag	übergriffener Rückwärts-J-Schlag
Cross Reverse Christie	Rückwärts-Bogenschlag	übergriffener Rückwärts-J-Schlag
Cross Reverse Wedge	Rückwärts-J-Schlag	kurzer, übergriffener Rückwärts-Bogenschlag

Alternative Schläge für Einleitungen von Cross-Manövern auf der Offside

11.8. Diagonal versetzen – Sideslips

Sideslips, manchmal auch als *Shift* bezeichnet, sind eine elegante Möglichkeit, das Boot aus der Fahrt heraus seitlich zu versetzen. Sie sind besonders für Ausweichmanöver geeignet, zum Beispiel, um einem Hindernis auszuweichen, ohne den Bootslauf übermäßig zu stören.

Sideslips können mit einem ziehenden *Placement*, also einem statischen *Ziehschlag*, oder mit einem drückenden Placement, also einem statischen *Hebel* gefahren werden. In beiden Fällen ist es sehr wichtig, dass das Boot vor dem Placement genau geradeaus fährt und man die Placements sehr präzise zum *Drehpunkt* positioniert, damit das Boot keine Kurve fährt. Aus der Vorwärts- oder Rückwärtsfahrt wird das Canoe seitlich weggezogen oder -geschoben und so auf einer diagonalen Linie zur Fahrtrichtung versetzt.

11.8.1. Onside-Sideslip zur Onside

Mit einem *Rudder* wird während der Vorwärtsfahrt sichergestellt, dass das Boot genau geradeaus fährt. Mit einem *neutralen Slice* wird das Paddel zum statischen *Ziehschlag* an die Placement-Position geführt. Diese liegt ein wenig hinter dem *Drehpunkt*, etwa auf Höhe des hinteren Sitzholms.

An der Placement-Position angekommen dreht man die führende Blattkante sehr vorsichtig vom Boot weg, bis man einen Zug am Paddel spürt. Das Boot wird nun zur Onside weggezogen. Um das Wasser leichter unter dem Boot hindurchfließen zu lassen, wird das Boot zur Offside gekantet. Mit der Verlangsamung des Bootes kann man den Blattwinkel immer weiter öffnen, um den Zug am Paddel aufrechtzuerhalten. Je weniger stark der Blattwinkel geöffnet wird, desto länger dauert das Vergnügen und desto leichter lässt sich auch eine unerwünschte Drehung des Bootes vermeiden.

Die richtige Placement-Position zu finden, erfordert viel Gefühl und einige Übung. Dreht sich das Boot zur Onside, dann ist das Placement zu weit vorn. Dreht es sich zur Offside, dann ist es zu weit hinten. In diesem Fall kann man versuchen, die Drehung zu kompensieren, indem man die Placement-Position vorsichtig etwas nach vorn hin korrigiert.

Merkhilfe für Onside-Sideslip zur Onside:

- Richtung: diagonal zur Onside
- Initiation: Rudder
- Heel: zur Offside
- Placement: statischer Ziehschlag
- Placement-Position: etwas hinter dem Drehpunkt

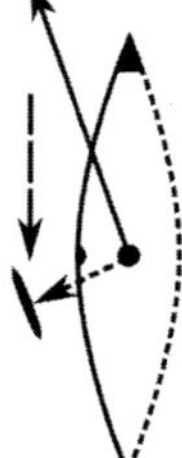

11.8.2. Onside-Sideslip zur Offside

Mit einem *Rudder* wird während der Vorwärtsfahrt sichergestellt, dass das Boot genau geradeaus fährt. Mit einem neutralen *Slice* wird das Paddel zum statischen *Hebel* an die Placement-Position geführt. Diese ist etwas vor dem *Drehpunkt*, oft etwa auf Höhe des Knies.

An der Placement-Position angekommen dreht man die führende Blattkante sehr vorsichtig zum Boot hin, bis man einen Druck am Paddel spürt. Wenn man möchte, kann man dabei den Paddelschaft am Süllrand anlegen. Das Boot wird nun zur Offside weggeschoben. Um das Wasser leichter unter dem Boot hindurchfließen zu lassen, kantet man leicht zur Onside. Mit der Verlangsamung des Bootes kann man den Blattwinkel zunehmend schließen, um den Druck am Paddel aufrechtzuerhalten.

Die richtige Placement-Position zu finden, erfordert auch bei diesem Sideslip Gefühl und Übung. Dreht sich das Boot zur Onside, dann ist das Placement zu weit vorn. Dreht es sich zur Offside, dann ist es zu weit hinten. In diesem Fall kann man versuchen, die Drehung zu kompensieren, indem man die Placement-Position vorsichtig etwas weiter nach vorn verschiebt.

Merkhilfe für Onside-Sideslip zur Offside:

- Richtung: diagonal zur Offside
- Initiation: Rudder
- Heel: zur Onside
- Placement: statischer Hebel
- Placement-Position: etwas vor dem Drehpunkt

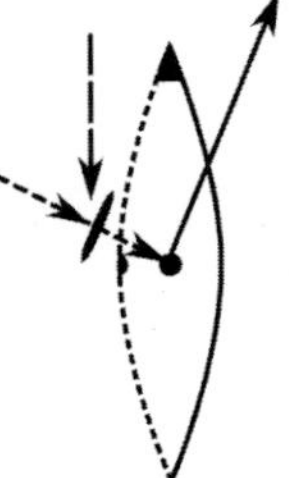

11.8.3. Cross und Reverse Sideslips

Natürlich lassen sich Sideslips auch mit einem *Placement* auf der Offside oder auch rückwärts fahren. Diese Sideslips gleichen in ihrer Funktionsweise genau den Sideslips im ersten Quadranten. Insgesamt gibt es also acht verschiedene Varianten, jeweils mit statischem *Ziehschlag* und statischem *Hebel* in allen vier Quadranten.

Bei den Rückwärtsvarianten ist zu beachten, dass die Placement-Positionen entsprechend vertauscht sind. Das Placement für einen Rückwärts-Sideslip mit statischem Hebel ist also mehr zum Heck versetzt und das für einen statischen Ziehschlag mehr zum Bug.

Wenn man Cross-Sideslips auf der Onside einleitet, also mit einem *Rudder* den Geradeauslauf sicherstellt, um anschließend das Paddel zur Offside zu führen, kann es passieren, dass man durch die Körperdrehung zur Offside eine Kurventendenz verursacht. Deshalb ist es sehr wichtig, den Seitenwechsel entsprechend vorsichtig und langsam vorzunehmen. Falls nötig, lässt sich der Geradeauslauf mit einem weiteren kurzen *Rudder* beim Eintauchen auf der Offside korrigieren, bevor man das Paddel zum Placement führt.

11.9. Auf der Stelle drehen – Gimbals

Gimbals sind Paddelschläge, die das Boot kontinuierlich auf der Stelle oder auf einer sehr engen Kreisbahn drehen. Man unterscheidet den *Outer Gimbal*, bei dem das Paddel neben dem Boot geführt wird, und den *Inner Gimbal*, bei dem das Paddel horizontal unter der Wasseroberfläche geführt wird.

11.9.1. Outer Gimbal

Der Outer Gimbal eignet sich hervorragend, um aufeinanderfolgende Manöver miteinander zu verknüpfen, oder auch, um ein stehendes Canoe elegant auf einer engen Kreisbahn in eine andere Richtung zu drehen.

Beim Outer Gimbal zur Onside wendet man sich der Onside zu und kantet das Canoe zur Onside. Das Paddel wird dann, aus der Sicht des Paddlers, auf einer kreisförmigen Bahn vom Heck zum Bug und wieder zurück geführt. Dabei greift die Griffhand zweimal mit einer *Palmroll* um.

Für eine Drehung des Bootes zur Offside ändert man einfach die Bewegungsrichtung des Paddels. Außerdem kann der Outer Gimbal auch auf der Offside mit Kantung zur Offside ausgeführt werden.

11.9.2. Inner Gimbal

Der Inner Gimbal hat bis auf die Tatsache, dass er spektakulär aussieht, Spaß macht und eine erfrischende Abkühlung bietet, eigentlich keine praktische Bedeutung.

Zum Inner Gimbal begibt man sich zunächst in eine sehr tiefe Position im Boot. Am einfachsten ist es, dazu vom Sitz zu rutschen und sich auf den Bootsboden zu setzen. Die Beine können unter dem Sitz liegen bleiben oder, was etwas bequemer ist, leicht ausgestreckt werden. Die Arme hängen über den Süllrand, sodass man das Paddel horizontal auf einer Kreisbahn unter dem Boot hindurchführen kann. Dabei lehnt man sich mit dem Brustkorb gegen beziehungsweise mit den Achseln auf den Süllrand, um das Boot auf die Wasseroberfläche zu kanten.

Das Boot dreht sich dann nahezu auf der Stelle. Während einer Kreisbewegung greift die Griffhand zweimal mit einer *Palmroll* um.

Je nach Bewegungsrichtung des Paddels dreht sich das Boot zur Onside oder zur Offside. Auch den Inner Gimbal kann man auf beiden Seiten des Bootes ausführen.

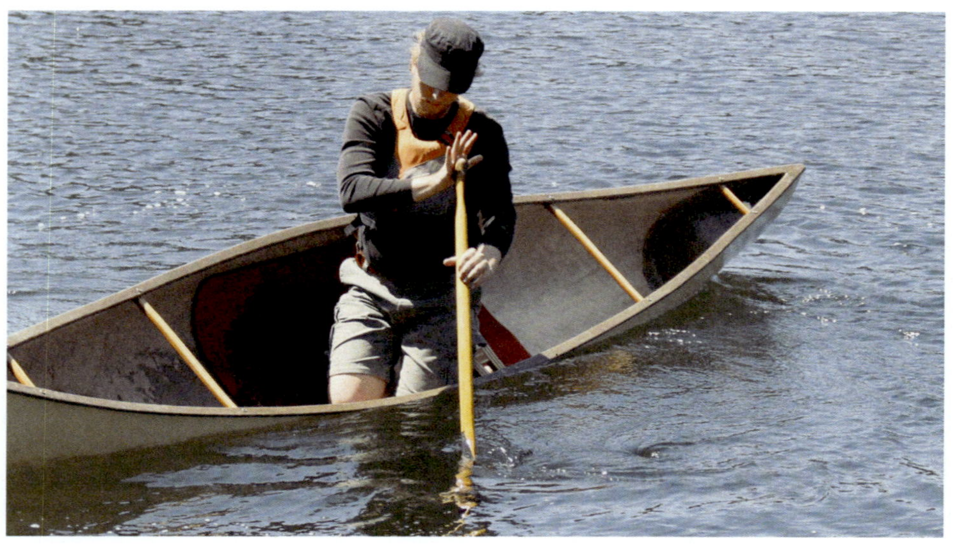

Outer Gimbal

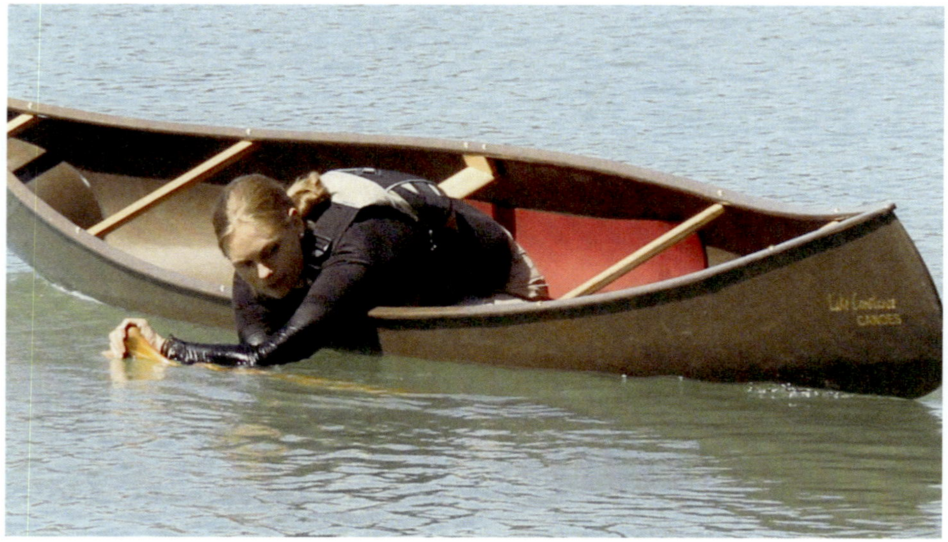

Inner Gimbal

11.10. Alternative Positionen im Boot

Freestyle-Paddler haben es gern bequem. Um schwierige Placements akkurat ausführen zu können oder um die Rumpflage des Bootes im Wasser noch stärker zu beeinflussen, kann man verschiedene alternative Positionen im Canadier einnehmen.

Bei Positionsänderungen ist eine gute Vorbereitung wichtig. Bevor man sich von seinem Sitz erhebt, sollte man die Füße richtig positionieren. Anschließend verlagert man nur noch sein Körpergewicht und richtet sich auf. Währenddessen sollte man immer darauf achten, über Knie, Füße oder Po an mindestens drei Punkten Kontakt zum Boot zu haben, um jede Position stabil halten zu können.

11.10.1. Quer sitzen – Transverse

In der Transverse-Position sitzt der Paddler quer im Boot und sein Becken ist parallel zur Kiellinie ausgerichtet. Manöver, die transverse ausgeführt werden, bekommen den Zusatz *Transverse* vorangestellt. Ein transverse gefahrener Post wird also zum *Transverse Post* und ein zur Offside ausgeführter Post in der Transverse-Position wird zum *Transverse Cross Post.*

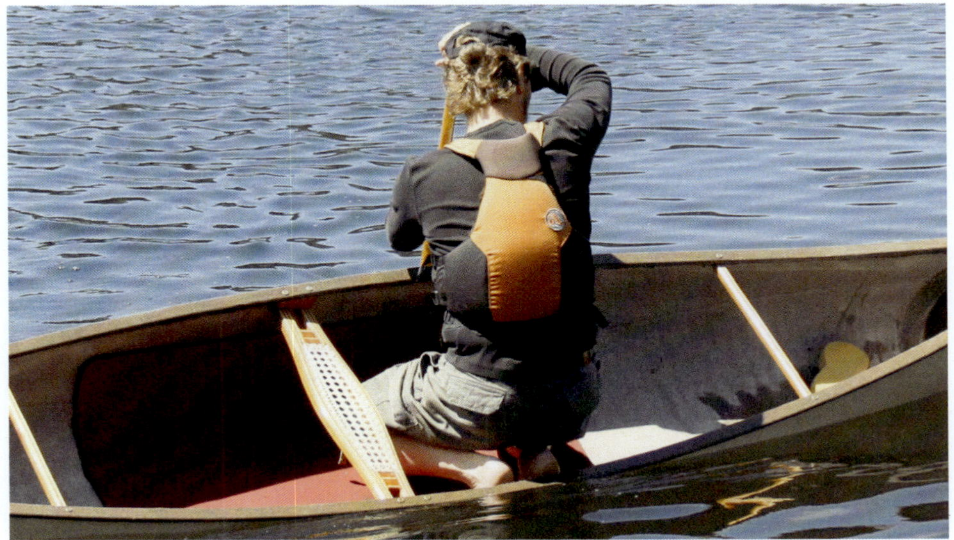

Transverse Post

Abhängig davon, ob man sich der Onside oder der Offside zuwenden will, wird zum Einnehmen der Transverse-Position zunächst der Fuß desjenigen Beins, das näher am Bug sein soll, unter dem Sitz herausbewegt und aufgestellt. Anschließend verlagert man sein Gewicht auf den aufgestellten Fuß und senkt gleichzeitig das Knie in die *Chine* ab. Während oder kurz nach dieser Bewegung rutscht das zweite Bein unter dem Sitz nach, sodass beide Schienbeine quer zur Kiellinie liegen. Die Füße werden auf den Zehen beziehungsweise den Fußballen aufgestellt, sodass man bequem auf den Fersen sitzen kann.

Will man die vor sich liegende Kante herabneigen, so positioniert man die Knie möglichst weit in der vor einem liegenden Chine und richtet sich in den Kniestand auf, um das Gewicht auf die Knie zu verlagern. Möchte man den hinter sich liegenden Süllrand herabkanten, dann positioniert man beide Füße möglichst weit in der hinter einem liegenden Chine und setzt sich auf die Fersen, um das Gewicht auf die Füße zu verlagern.

Vor allem beim *Post*, bei dem vom *Placement* weggekantet wird, und bei *Reverse-Manövern* sowie *Cross Reverse-Manövern*, die in der normalen Sitzposition oft ein starkes Verdrehen des Oberkörpers erfordern, ist die Transverse-Variante deutlich komfortabler.

Merkhilfe: Transverse

- Die Transverse-Position erlaubt es, viele Placements bequemer auszuführen, bei denen man den Oberkörper im Sitzen stark verdrehen muss.
- Transverse gefahrenen Manövern wird des Präfix *Transverse* vorangestellt.
- Bevor man den Körper in die neue Position bringt, muss der Fuß desjenigen Beins, das näher am Bug sein soll, positioniert werden.
- Wendet man sich der Offside zu, so nennt man diese Position *Cross Transverse*.

11.10.2. Hohes Knie – High Kneel

Vorwärtsmanöver, die in Kurvenrichtung gekantet werden, kann man zur High-Kneel-Variante modifizieren.

High Kneels sind der *Transverse*-Position sehr ähnlich, allerdings wird das Knie des Beins, dem die Kantungsseite gegenüberliegt, auf dem Süllrand der herabgekanteten Seite abgelegt.

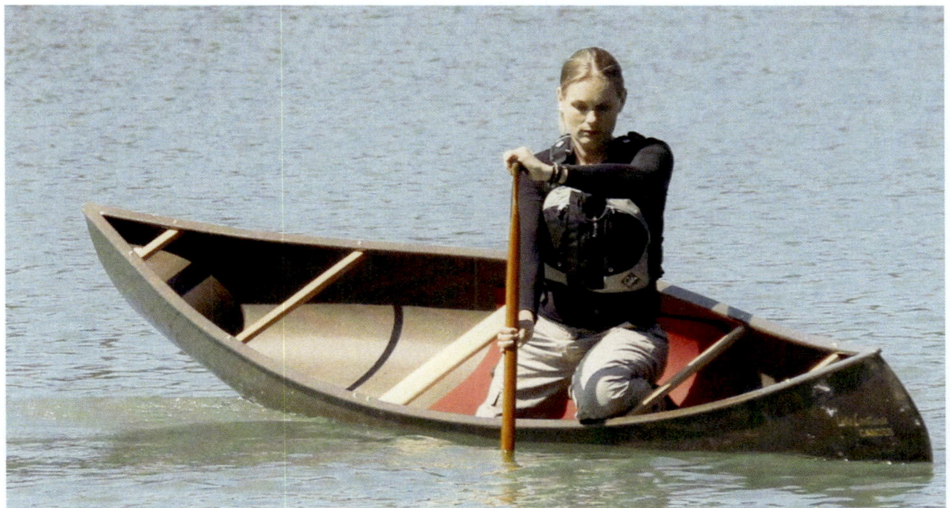

High Kneel Axle

Dadurch verlagert sich der Schwerpunkt sehr viel weiter nach vorn und der Bug wird viel stärker ins Wasser gedrückt als im Kniestand. Das Heck des Bootes kommt aus dem Wasser, wird im Extremfall frei und kann um den vorderen Bootsteil herumschwingen.

High-Kneel-Manöver bekommen den Zusatz *High Kneel* vorangestellt. Manöver mit extremer Gewichtsverlagerung zum Bug heißen *High-Kneel-Forward-Thrust-Manöver*.

Auch zum High Kneel stellt man zunächst den Fuß des von der Kantungsseite entfernten Beins etwa in die Mitte des Bootes. Dann verschiebt man das Körpergewicht nach vorn und holt den zweiten Fuß unter dem Sitz hervor, sodass das Schienbein diagonal im Boot liegt. Gleichzeitig sucht man mit dem aufgestellten Knie oder Schienbein den Kontakt zum Süllrand. Nun hat man an drei Punkten Kontakt zum Boot: mit dem diagonal liegenden Schienbein und dem Fuß des aufgestellten Beins zum Bootsboden sowie mit dem Knie – beziehungsweise dem aufgestellten Bein leicht unterhalb des Knies – zum Süllrand. Nun schiebt man das Becken noch etwas näher zur Kantungsseite und richtet sich auf, um den Süllrand aufs Wasser zu drücken. So hat man eine recht stabile Position im Boot.

High Kneels sind auch möglich, ohne Kontakt zum Süllrand zu haben. Dazu wird der aufgestellte Fuß näher an der Seitenwand platziert und das Gewicht darauf verlagert. Die Stabilisierung zur Seite erreicht man, indem man den Fuß diagonal bis quer zur Kiellinie ausrichtet. Die Stärke der Kantung hängt davon ab, wie weit oben in der Seitenwand der Fuß positioniert wird. Durch Variieren der Gewichtsverteilung zwischen Fußballen und Ferse lässt sich die Kantung sehr fein kontrollieren.

Zum Üben des High Kneel eignet sich besonders der *Christie*, da man bei ihm das Manöver gut mit einer *flachen Paddelstütze* absichern kann.

Merkhilfe: High Kneel

- Alle Vorwärtsmanöver, die in Kurvenrichtung gekantet werden, kann man zur High-Kneel-Variante modifizieren.
- Bei High Kneels ist die Vorbereitung, die richtige Positionierung der Füße, wichtig.
- Der *Christie* eignet sich durch seine Paddelstütze während des Placements besonders zum Üben von High Kneels.
- Manöver mit extremer Gewichtsverlagerung zum Bug heißen *High-Kneel-Forward-Thrust-Manöver*.

11.10.3. Im Boot umdrehen – Mackenzie Reversal

Möchte man sich im Boot umdrehen, so geht das mit dem Mackenzie Reversal besonders flink. Tom Mackenzie hat diesen Positionswechsel während eines Winters erdacht, als alle Gewässer in seiner Nähe zugefroren waren. So bat er kurzerhand Mark Molina, der damals im sonnigen Florida lebte, diesen Positionswechsel auszuprobieren. Mark Molina meldete sich kurz darauf zurück mit der Nachricht: Es funktioniert!

Der Mackenzie Reversal oder auch *MacRev*, wie er oft kurz genannt wird, ist eine Fortführung der Bewegung in die *Cross-Transverse*-Position. Dazu stellt man das Onside-Bein auf, wobei der Fuß auf der Onside bleibt, dann senkt man das Knie des aufgestellten Beins in die Offside-*Chine* ab und wendet sich der Offside zu. Gleichzeitig holt man das Offside-Bein unter dem Sitz hervor, schiebt den Fuß zur Onside und stellt das Bein auf. Dann setzt man sich auf die Ferse des liegenden Beins und wendet sich dem Heck zu. Das Paddel wird dabei mit horizontalem Blatt mit gestreckten Armen vor dem Körper über das Boot geführt.

Mackenzie Reversals können auch mit einer Drehung zur Onside ausgeführt werden. Die Onside- und Offside-Positionen der Beine sind dabei entsprechend ver-

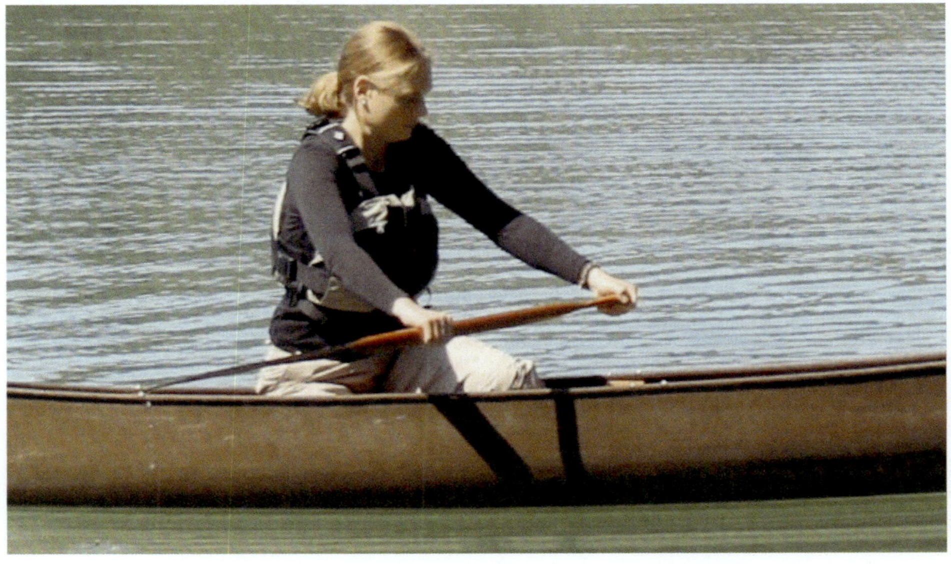

Im Boot umdrehen mit einem Mackenzie Reversal

tauscht. Man muss beim Umdrehen in Onside-Richtung etwas mehr darauf achten, nicht mit dem Paddel am Boot hängen zu bleiben.

Mackenzie Reversals eignen sich gut, um Rückwärtsmanöver mit starkem Pitch zu fahren. Laut Wettbewerbsregeln wird der Bug dabei zum Heck umdefiniert. So wird beispielsweise ein *Cross Axle* nach einem Mackenzie Reversal zum *Reverse Axle*.

In der Tourenpraxis ist der Mackenzie Reversal eine elegante Möglichkeit, sich schnell im Boot umzudrehen, zum Beispiel, um sich mit nachfolgenden Paddlern zu unterhalten oder einen Bachlauf, der zu eng ist, um das Boot zu wenden, in bequemer Vorwärtsfahrt zu verlassen.

Merkhilfe für den Mackenzie Reversal:

- Der Mackenzie Reversal ist eine Fortführung der Bewegung zur Cross-Transverse-Position.
- Die Drehung des Körpers zur Offside ist etwas einfacher, da man mit dem Paddel nicht so leicht am Boot hängen bleibt.
- Im Wettbewerb wird der Bug durch das Umdrehen im Boot zum Heck.

12. Freestyle-Praxis

12.1. Freiräume erschließen

Bei der tief gehenden Beschäftigung mit Anströmwinkeln, Paddel-Placements, Gewichtsverlagerungen und Beinarbeit im geschützten Labor einer spiegelglatten Wasserfläche vergisst man nur zu leicht, dass all die gelernten Techniken einen praktischen Hintergrund haben. Um wirklich praktischen Nutzen aus den Techniken zu ziehen, muss man sie in einen realen Kontext setzen. Deshalb sollte man nicht nur unter Laborbedingungen üben. Schon oft sind mir Paddler begegnet, die zwar einen perfekten *Axle* oder *Post* paddeln konnten, sobald es aber ein echtes Hindernis, und das womöglich gar bei Wind oder Wellen zu umpaddeln galt, konnten sie die Manöver weit weniger gut anwenden.

Ein Boot durch Manöver mit dem Wasser zu bewegen, ist wesentlich leichter, als es mit einer Serie dynamischer Paddelschläge gegen das Wasser zu ziehen. Das spart auch auf Touren Kraft und schont den Körper. Erstaunlicherweise begegnen mir immer wieder Freestyle-Paddler, die all die Manöver fast ausschließlich beim Üben des Freestyle benutzen und kaum außerhalb anwenden.

Sicherlich wird man bei Wind und Wellen den Süllrand nicht ganz so weit herunterkanten, aber das ist meistens auch nicht nötig. *Axle* und *Post* haben, wenn auch meist etwas vereinfacht, ihren festen Platz in der Werkzeugkiste des Touren- und Flusspaddlers, und auch einen *Christie* lernt man schnell zu schätzen, um eine etwas wildere Kurvenfahrt mit einer *Paddelstütze* abzusichern. Das Boot mal eben auf kleinstem Raum zu wenden, geht hervorragend mit einem *Wedge*. Umdrehen, anlegen oder in der Enge eines Hafenbeckens ein- und ausparken – dabei helfen oft die Rückwärtsmanöver und *Sideslips*. Möchte man sich in einer Gruppe mit den Paddlern hinter sich unterhalten, dann wechselt man schnell in die *Transverse*-Position. Dadurch kann man leicht den Blickkontakt nach hinten halten und trotzdem immer wieder nach vorn schauen, um zu sehen, wo man hinfährt. Erkundet man einen engen Bachlauf und stellt fest, dass man in einer Sackgasse gelandet ist, so dreht man sich mit einem *Mackenzie Reversal* einfach im Boot um und paddelt bequem vorwärts wieder heraus, ohne das Boot zu wenden.

Es gibt viele Anwendungsmöglichkeiten für Freestyle-Manöver, deren Ursprung nicht aus den Wettbewerben kommt, sondern aus dem ganz praktischen Alltagspaddeln.

12.2. Wettbewerbe und Spiele

12.2.1. Interpretive Freestyle

Beim Interpretive Freestyle werden ähnlich wie beim Eiskunstlauf Musikstücke mit Freestyle-Manövern interpretiert. Dies ist die einzige Variante, in der es in den USA heute noch Wettbewerbe gibt.

Durch die zahlreichen Internetvideos von Wettbewerben und Aufführungen ist der Interpretive Freestyle wohl die bekannteste Variante des Freestyle. Oft werden die Begriffe synonym verwendet. Tatsächlich paddeln aber nur wenige Freestyle-Paddler auch Küren.

Vor einem Wettbewerb reichen die Teilnehmer eine Liste mit der Abfolge ihrer Manöver und ein Musikstück für ihre Interpretation ein. Eine mehrköpfige Jury bewertet die Küren der Paddler. Punkte werden dafür vergeben, ob die Manöver vollständig, in der richtigen Reihenfolge und technisch sauber ausgeführt wurden. Auch, wie das gewählte Musikstück interpretiert wurde, und der Kontakt zum Publikum fließen in die Bewertung mit ein.

Von ihrem ursprünglichen Schwerpunkt auf dem Schwierigkeitsgrad und der technischen Ausführung der Manöver wurden die Wettbewerbsregeln vor einigen Jahren zu einer stärkeren Gewichtung der Show-Komponente hin verändert. Einige Kritiker dieser Änderung wiesen darauf hin, dass das „Tanzen im Boot“ nicht dasselbe sei wie das Boot tanzen zu lassen.

In Europa gibt es keine nennenswerten Wettbewerbe. Trotzdem paddeln einige Freestyle-Paddler in sogenannten Demos – zum Beispiel auf Veranstaltungen – zu Musik. Diese äußerst sehenswerten Aufführungen werden nicht bewertet und dienen der Unterhaltung.

Bei der Auswahl der Musikstücke sollte man darauf achten, dass ihr Tempo nicht zu schnell ist. Manche Paddler planen die Abfolge der Manöver in einer Demo und üben sie minutiös ein, andere paddeln spontan, wie es ihnen einfällt. Das nennt man dann *Flash-Paddle*.

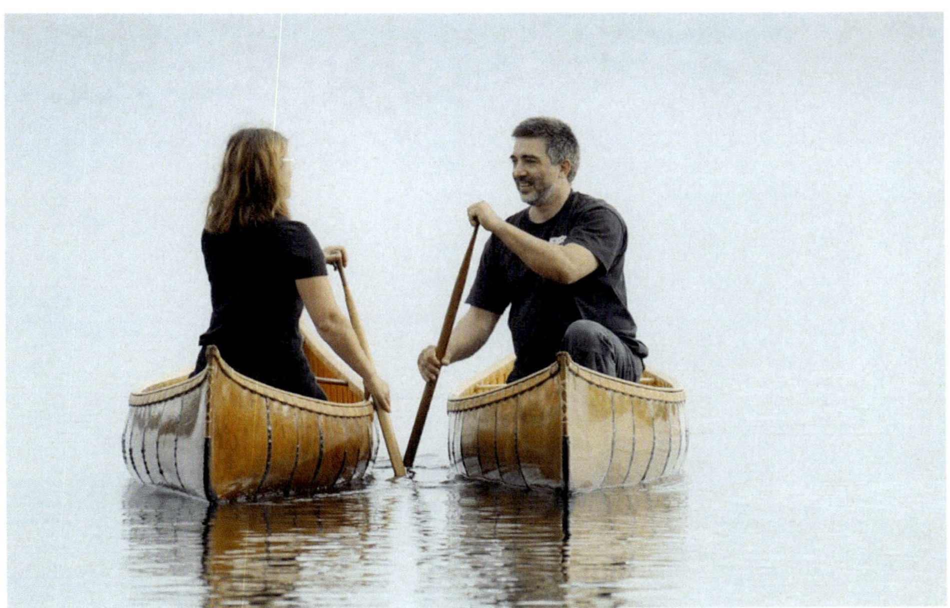

Interpretive-Freestyle-Duett. Foto: Wolfgang Hölbling, Paddler: Katrin und Hans-Georg Wagner

12.2.2. Slalom

Eine der ältesten Spielarten des Freestyle ist der Riesenslalom. Dabei paddeln die Teilnehmer auf Zeit durch einen Bojenparcours. Dieser kann mehrere Hundert Meter lang sein und aus verschiedenfarbigen Bojen bestehen, welche die Umfahrungsrichtung signalisieren, oder auch ganz einfach aus nur wenigen einfarbigen Bojen aufgebaut sein. In diesem Fall kann die Umfahrungsrichtung frei gewählt werden.

Die Paddler starten meist einzeln und nacheinander. Aus Gründen der Einfachheit verzichtet man für gewöhnlich auf Strafpunkte für das Berühren einer Boje.

Bei komplexeren Kurslayouts muss darauf geachtet werden, dass die Kurvenrichtungen gleich verteilt sind, damit weder Rechts- noch Linkspaddler begünstigt werden. Ein guter Bojenabstand beträgt ungefähr zehn Meter. Dadurch ist sichergestellt, dass sowohl längere, schnelle Boote als auch kürzere, wendigere Boote die gleichen Chancen haben.

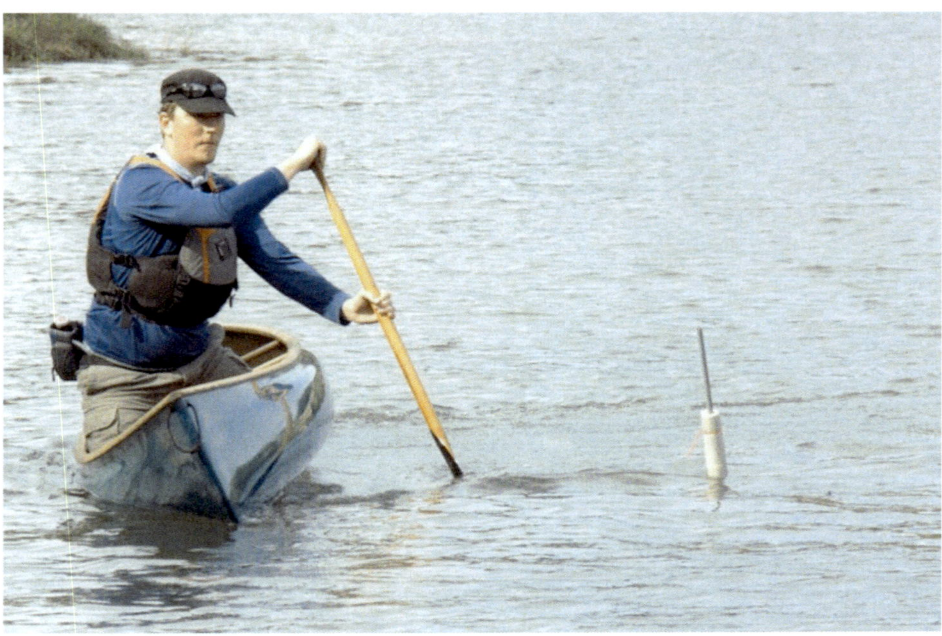

Beim Riesenslalom werden Bojen auf Zeit umfahren. Foto: Claudia Mössner

Die Bojen werden meist aus einfachen Materialien hergestellt. Gut eignen sich Plastikflaschen oder auch beschwerte Poolnudeln, die über eine Leine mit einem Ankergewicht verbunden sind.

Riesenslaloms sind beliebte Fun-Wettbewerbe bei denen auch die Zuschauer die Teilnehmenden fleißig anfeuern können. Gewinnen ist eher Nebensache. Auch beim Paddeln auf Zeit kann man viel über die Manöver und ihre praktische Anwendung lernen.

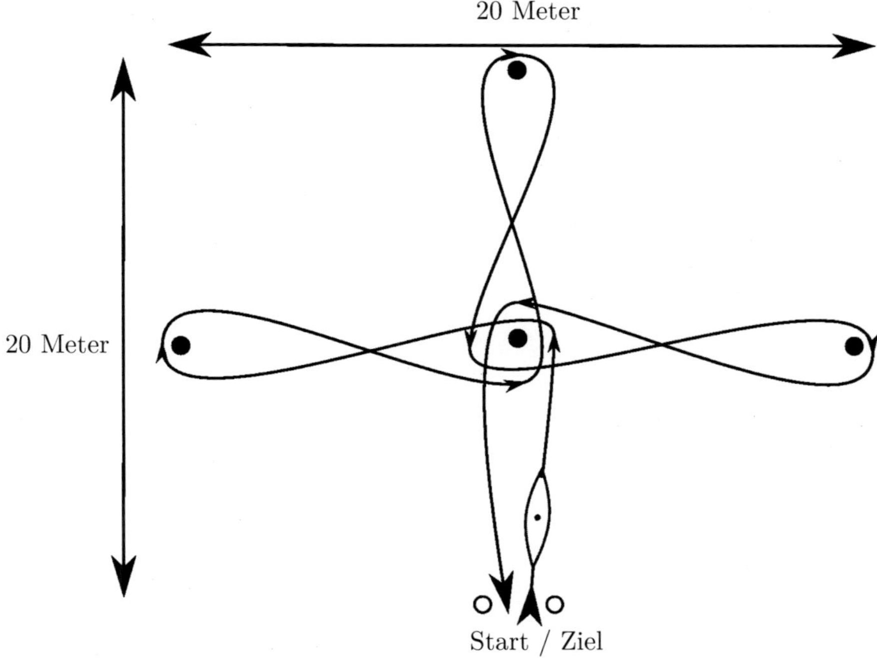

Kompaktes Slalom-Layout mit nur vier Bojen. Die Bojen dürfen von einer beliebigen Seite umfahren werden, solange die Reihenfolge eingehalten wird.

12.2.3. Dead Fish Polo

Um die intuitive Anwendung gelernter Paddeltechniken zu trainieren, eignet sich besonders gut das beliebte Kanuspiel Dead Fish Polo.

Der Ablauf ähnelt dem Völkerballspiel, nur spielt hier jeder gegen jeden. Ein Schwamm oder mehrere in alte Handtücher eingenähte Schwämme symbolisieren den toten Fisch (dead fish).

Die Spieler versuchen den toten Fisch so schnell wie möglich zu erreichen, ihn mit dem Paddel aufzunehmen und einem Gegner in das Canoe zu werfen. Dieser muss seinerseits den anfliegenden Schwamm mit dem Paddel abwehren oder auffangen und einem Mitspieler in das Boot werfen. Je nach vereinbarter Regel scheidet ein Spieler aus, wenn der Schwamm in seinem Boot landet.

Dead Fish Polo ist ein sehr actionreiches Spiel, das noch turbulenter wird, wenn man das Spielfeld fest eingrenzt.

Ein einfacher Schwamm lässt sich viel schwerer aufnehmen als ein eigens für dieses Spiel genähter Dead Fish. Dafür werden zwei oder mehrere Schwämme so in ein Stück Stoff eingenäht, dass sie rechts und links über das Paddelblatt herunterhängen, wenn man den Dead Fish mit der Kante des Blattes aus dem Wasser aufnimmt.

13. Freestyle-Zen – mentale Aspekte

Um Freestyle jenseits der praktischen Verwendung zu meistern und sich nachhaltig daran zu erfreuen, wird es nicht genügen, nur irgendwelche Techniken zu üben und möglichst genau zu wiederholen. Wir müssen sie auf eine Weise anwenden, die unserem Wesen entspricht. Anmut entsteht, wenn wir unsere Natur in unseren Handlungen finden. Ein gelungenes Manöver ist nicht einfach eine perfekt ausgeführte Wende, sondern eine Kurve, in der wir uns selbst begegnen.

Das Paddel und das Canoe sind die Werkzeuge, die leicht zu beherrschen sind. Viel schwerer ist es, den Geist zur Ruhe zu bringen. Mit Ruhe meine ich nicht Schläfrigkeit, sondern eine offene Präsenz: im Hier und Jetzt sein. Wenn das gelingt, wird auch das Freestyle-Paddeln leicht.

Einfachheit

Paddelschläge und Manöver bestehen aus vielen sehr einfachen Teilen. Wenn man übt, die einfachen Dinge gut zu tun, dann werden auch die schweren Dinge leicht und man kann sie irgendwann tun, ohne darüber nachzudenken.

Reinheit der Form und der Gedanken

Ein Manöver sollte keine unnötigen Bewegungen beinhalten. Sie fügen nichts Vorteilhaftes hinzu, können aber den ganzen Manöverablauf stören. Wenn etwas keinen Nutzen hat, dann lässt man es einfach weg.

Man sollte genau eine Sache in einem Moment tun und denken. Wenn man vorwärts paddelt, dann sollen auch die Gedanken beim Vorwärtspaddeln sein. Leitet man ein Manöver ein, dann leitet man nur ein Manöver ein. Was vergangen ist, ist vorbei, was später kommt, ist noch nicht da; alles, was man beeinflussen kann, ist jetzt.

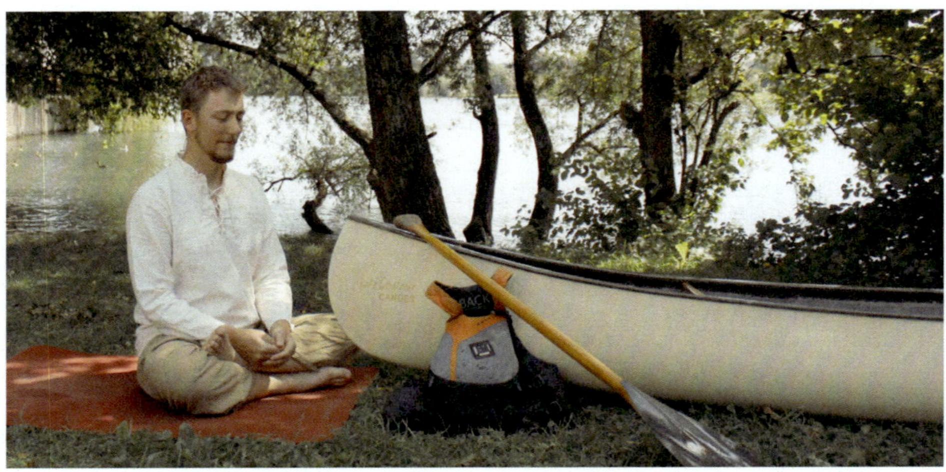

Beim Freestyle-Paddeln hilft ein ruhiger und offener Geist.

Klarheit

Wenn wir uns eine Bewegung vorstellen können, dann können wir sie auch ausführen. Immer wieder kommt es vor, dass ein Manöver nicht gelingen will, man mittendrin hängen bleibt oder das Boot einfach nicht so reagiert, wie man es erwartet.

Dann kann es helfen, das Manöver sehr langsam auszuführen, gewissermaßen in Zeitlupe, und gleichzeitig laut zu kommentieren, was man tut, so als wollte man es jemandem erklären. Das Timing der einzelnen Schritte oder wo das Canoe hinfährt, spielt dabei keine Rolle. Das Ziel ist, sich vollständig bewusst zu machen, welche Handlungen nötig sind, um das Manöver auszuführen. Sehr oft bemerkt man dann, dass man von einzelnen Schritten keine klare Vorstellung hat oder dass man Schritte auslässt. Paddelt man ein Manöver im normalen Tempo kommentarlos durch, so fallen einem viele Fehlerquellen gar nicht auf.

Achtsamkeit

Die überwiegende Zeit des Lebens bewegen wir uns einfach, ohne weiter darüber nachzudenken. Als Kind haben wir einmal Laufen gelernt. Jetzt können wir es einfach, ohne aber zu wissen, wie es eigentlich geht.

Bewegungsmuster im Freestyle sind nichts anderes als Kombinationen von Bewegungen, die wir früher einmal gelernt haben. Diesen kleinsten Bausteinen schenken wir oft nicht genügend Aufmerksamkeit. Wenn wir selbst unsere einfachsten Bewegungen bewusst beobachten und uns fragen, warum wir sie so machen, wie sie sich anfühlen, kommen wir manchmal zu dem Ergebnis, dass es anders besser, leichter oder angenehmer wäre. Dann können wir uns überlegen, ob sie auch im Kontext des Paddelns in dieser Form vorteilhaft sind. Erst wenn wir uns dessen bewusst sind, was wir tun, haben wir überhaupt Zugriff auf das Bewegungsmuster und können es gezielt verändern. Anschließend können wir es in seiner veränderten Form so oft üben, bis wir es wieder im Unterbewusstsein gespeichert haben und nicht mehr darüber nachdenken müssen.

Atmung

Die Atmung gibt unseren Rhythmus vor wie ein inneres Metronom. Sie hilft uns beim Timing.

Die Atmung sollte ruhig und tief sein. Bei Körperdrehungen nach vorn atmet man ein, mit der Drehung nach hinten aus. In der Drehung nach vorn entspannen wir unseren Rumpf, und der Brustkorb kann sich heben. In der Drehung nach hinten findet in der Regel die Belastung statt (etwa beim *Vorwärtsschlag*). Die dabei entstehende Anspannung im Rumpf kann mit dem Ausatmen entweichen. Richtet man sich auf, so atmet man ein. Mit prall gefüllten Lungen ist es kaum möglich, keine aufrechte Haltung einzunehmen.

Indem wir Handlungsabläufe unterteilen und mit einzelnen Atemzügen verbinden, können wir intuitiv bestimmen, wann die Zeit für einen nächsten Schritt gekommen ist. Das ist besonders hilfreich in Manöverphasen, in denen wir keine äußere Referenz haben. Während eines *Placement* können wir den Zeitpunkt für die *Conclusion* zum Beispiel danach wählen, ob wir die Kurve schon beenden wollen oder ob der Druck am Paddel nachlässt. Aber wann ist der Zeitpunkt für eine *Initiation*? Viele beginnende Freestyle-Paddler zögern vor den Einleitungen. Sie paddeln dann vorwärts. Drei, vier, fünf, sechs Schläge, bis sie entweder endlich das Manöver beginnen oder davongepaddelt sind. Man kann sich zum Beispiel vornehmen, sein Manöver nach drei Atemzügen einzuleiten.

Ehrgeiz überwinden

Im Freestyle-Umfeld begegnet mir immer wieder stark ausgeprägter Perfektionismus. Natürlich ist es ein gesunder Anspruch, jedes Manöver so schön wie möglich zu paddeln. Wenn aber der Ehrgeiz uns dominiert, dann wird er genau das verhindern. Wir sind dann mit unseren Gedanken und Gefühlen nicht bei unserem Handeln, sondern bei unserem Ego. Um perfekte Manöver zu paddeln, muss man seinen Perfektionismus überwinden und darf nicht versuchen, besser zu paddeln, als man es kann.

Nach einem Manöver sollte man wissen, dass dieses Manöver so gut wie möglich war. Wäre es noch besser gegangen, dann wäre es besser geworden. Es lohnt sich also nicht, sich über ein missglücktes Manöver zu ärgern. Stattdessen kann man einfach ein neues erschaffen.

Paddeln kann viel Freude bereiten und eine gute Übung für Körper und Geist sein. Letzten Endes ist es aber nur Paddeln und nicht so furchtbar wichtig.

Mit dem Fluss paddeln

Es ist leichter, das Wasser zu nutzen und das Boot seinem Lauf folgen zu lassen. Das gilt genauso für einen selbst. Wenn etwas partout nicht gelingen will, dann ist es vielleicht nicht der richtige Moment dafür. Eine kleine Pause machen, sich einfach mal im Boot auf den Boden setzen und sich treiben lassen wirkt manchmal Wunder. Die Motivation für einen neuen Anlauf kommt dann meist von selbst.

Geduld

Das Canoe braucht Zeit, bis es eine Bewegung aufnimmt und umsetzt. Diese Zeit sollte man ihm geben. Im statischen Teil eines Manövers sollte man ihm seinen Lauf lassen. Wenn wir das Boot in eine Bahn zwingen, vernichten wir Bewegungsenergie – das Manöver wird ineffizient. Ein afrikanisches Sprichwort lautet: „Das Gras wächst nicht schneller, wenn du daran ziehst."

Teil IV.

Bootsbergung und Wiedereinstieg

14. Kenterungen und Wiedereinstieg

Kenterungen gehören zum Freestyle und sind unter normalen Bedingungen kein Unfall. Gerade Anfänger kentern häufig, und auch fortgeschrittene Freestyle-Paddler vermeiden das nur, indem sie es nicht darauf anlegen. Man sollte deshalb auf ein Bad vorbereitet sein, einerseits, indem man entsprechende Kleidung und eine Schwimmweste trägt, andererseits, indem man Gegenstände wasserdicht verpackt und nicht lose im Boot herumliegen hat. Am besten eignet sich zum Freestyle-Paddeln ohnehin ein fast leeres Boot.

14.1. Verhalten nach einer Kenterung

Ist das Wasser sehr kalt, so beschleunigt sich bei einer Kenterung unmittelbar nach dem Eintauchen die Atmung für einige Sekunden. In dieser Zeit sollte man darauf achten, dass man kein Wasser in den Rachenraum bekommt, weil das einen Stimmritzenkrampf auslösen kann. Dieser löst sich durch den Hustenreflex meist von selbst, in sehr seltenen Fällen kann er aber zum Ersticken führen (trockenes Ertrinken).

Sobald sich die Atmung wieder normalisiert hat, sollte man in Reichweite schwimmende Gegenstände festhalten. Manchmal schwimmt das Canoe nach dem Kentern kieloben. Dann sollte man es auf keinen Fall einfach umdrehen. Im Inneren des Bootes befindet sich noch eine Luftblase, die sowohl die Fremdbergung als auch das An-Land-Schwimmen und den *Capistranoflip* erleichtert. Je nach Szenario lässt man nun von einem Mitpaddler das Boot bergen, oder man erledigt das selbst.

14.2. T- und H-Bergung

Bei der T-Bergung wird das gekenterte Boot von einem Mitpaddler (in einem eigenen Boot) mit den *Süllrändern* nach unten auf dessen Boot gezogen. Dazu greift der Helfer das Boot am Bug oder Heck und hebt es auf seinen Süllrand. Die Person im Wasser kann dabei unterstützen, indem sie das vom Helfer entfernte Ende des Bootes etwas tiefer ins Wasser drückt.

Dann schiebt der Helfer das Boot Stück für Stück bis zur Mitte über sein Boot. Dabei ist darauf zu achten, dass die beiden Rümpfe im 90°-Winkel zueinander stehen. Anschließend hebt der Helfer den ihm näheren Süllrand des Bootes an und dreht es vor sich um. Die Person im Wasser kann sich derweil am Heck des helfenden Bootes festhalten, so weiß der Helfer, wo die Person ist, und kann sicher sein, sie nicht mit dem geborgenen Boot zu verletzen.

Im nächsten Schritt lässt der Helfer das Boot wieder seitlich in das Wasser gleiten. Dabei hält er es fest. Nun kann er der schwimmenden Person beim Wiedereinstieg assistieren.

Eine besonders bootsschonende Variante ist die H-Bergung. Sie gehört unter Freestyle-Paddlern zum guten Ton. Wann immer man zwei helfende Boote hat, sollte die H-Bergung angewendet werden.

Dazu positioniert sich je ein Helfer an Bug und Heck des gekenterten Bootes, sodass die drei Boote ein H bilden. Dann heben die Helfer das Boot an Bug und Heck aus dem Wasser und drehen es in eine zuvor verabredete Richtung um. Anschließend setzen sie es wieder auf das Wasser und assistieren der Person im Wasser beim Wiedereinstieg.

14.3. An-Land-Schwimmen und Ausleeren

Hat man keine Helfer in Reichweite und ist das Ufer in erreichbarer Nähe, so kann man mit seinem Boot an Land schwimmen. Dazu richtet man das Canoe zunächst zum Ufer hin aus; so kann man es Meter für Meter vor sich herschubsen und hinterherschwimmen. Da das Boot voll Wasser ist, ist diese Vorgehensweise einigermaßen anstrengend.

Am Ufer angekommen dreht man das Boot über die Seite und hebt es mit der offenen Seite nach unten aus dem Wasser, sodass es leerlaufen kann. Ein vollgelaufenes Canoe wiegt mehrere Hundert Kilogramm, sodass man es nicht anheben kann.

14.4. Capistranoflip

Eine Methode, sein Boot im tiefen Wasser wieder leer zu bekommen, ist der Capistranoflip. Dieser erfordert jedoch einige Übung. Ich empfehle trotzdem jedem Paddler, diese Methode zu lernen. Damit ist man nicht auf die Hilfe anderer angewiesen. Die Durchführbarkeit der Methode ist jedoch auch von Wind und Wellen abhängig, und ungünstige Verhältnisse können sie sogar unmöglich machen.

Zunächst sollte man sich umsehen, um sicherzugehen, dass sich in der Umgebung keine Gefahrenquellen, Schwimmer oder andere Boote befinden. Dann taucht man unter das gekenterte Boot. Im Rumpf befindet sich normalerweise eine Luftblase, in der man wie in einer Taucherglocke einige Zeit atmen kann. Liegt das Boot sehr tief, so kann man es zunächst mit mehr Luft füllen, indem man einen *Süllrand* mit einer Hand etwas über die Wasseroberfläche drückt und gleichzeitig den anderen Süllrand abstützt, damit sich das Boot nicht umdreht. Dadurch strömt etwas mehr Luft unter das Boot. Diesen Vorgang wiederholt man schrittweise, bis man möglichst viel Luft unter das Boot gebracht hat. Vor dem Anheben des Bootes sollte man tief Luft holen, um den Auftrieb des eigenen Körpers zu vergrößern.

Im nächsten Schritt holt man nochmals tief Luft und drückt wieder einen Süllrand nach oben, um Luft unter das Boot zu lassen. Mit der gleichen Bewegung stößt man dann den anderen Süllrand nach oben und wirft das Boot so über den zuerst angehobenen Süllrand, dass es sich überschlägt und mit der offenen Seite nach oben auf dem Wasser landet. Seinen Auftrieb kann man zusätzlich durch kräftige Beinschläge unterstützen.

Besonders bei Wind sollte man das Boot mit einer Hand festhalten, da ein leeres Boot sehr schnell uneinholbar abgetrieben wird. Dann sammelt man eventuell umhertreibende Ausrüstungsgegenstände ein und ist bereit für den Wiedereinstieg.

Für den Capistranoflip ist noch das kleinste Bisschen Auftrieb ungemein hilfreich. Ohne eine Schwimmweste ist er nur sehr eingeschränkt durchführbar. Auch der zusätzliche Auftrieb eines Trocken- oder Neoprenanzugs hilft. Als limitierende Größe gilt beim Capistranoflip das Gewicht des Bootes. Sehr schwere Boote sind von einer einzelnen Person kaum auf diese Weise zu leeren.

14.5. Hilfsmittel

Mit einigen Hilfsmitteln kann man die Bergung des Bootes vereinfachen. So können zum Beispiel luftgefüllte Packsäcke mit den Verschlussclips oder einem Karabiner verbunden und unter das Boot geschoben werden. Anschließend dreht man das Canoe darauf um.

14.6. Wiedereinstieg

Es gibt eine Vielzahl von Wiedereinstiegsmöglichkeiten und man sollte möglichst viele davon ausprobieren, um herauszufinden, welche für einen persönlich am besten funktionieren. Hier sollen nur einige wenige exemplarisch aufgeführt werden.

14.6.1. Assistierter Wiedereinstieg

Ein einfacher assistierter Wiedereinstieg funktioniert wie das Aussteigen aus einem Schwimmbecken. Ein Helfer in einem zweiten Boot fixiert den vom Schwimmer entfernten *Süllrand*, damit der nähere Süllrand nicht unter Wasser gedrückt wird. Gleichzeitig stützt sich der Einsteigende am näher zu ihm liegenden Süllrand hoch. Dann dreht er sich mit dem Rücken zum Boot und lässt sich mit dem Gesäß zuerst hineingleiten. Anschließend zieht er die Beine nach. Der Helfer kann mit einer Hand den Kopf des Einsteigenden schützen, damit er nicht gegen eine *Ducht* oder einen Süllrand schlägt.

Ein gutes Hilfsmittel ist eine Rettungsschlinge. Aus einem doppelt gelegten Stück Seil oder Gewebeband knotet man eine Schlaufe, die in etwa zwei- bis dreimal so lang ist wie die Bootsbreite. Der Helfer befestigt diese Schlinge an einer Ducht oder an einem Sitzholm seines Bootes und legt sie über das Boot des Einsteigenden. Der stellt seinen Fuß in das andere Ende der Schlinge und kann sie wie einen Steigbügel benutzen, um in sein Boot einzusteigen.

Neben dem leichteren Einstieg ist ein großer Vorteil dieser Methode, dass die über dem Boot liegende Schlinge automatisch die Lage des Bootes stabilisiert und somit kein Wasser in das Boot laufen kann. Ein Nachteil ist, dass dieses Verfahren nicht besonders bootsschonend ist, da die Rümpfe aneinandergepresst werden.

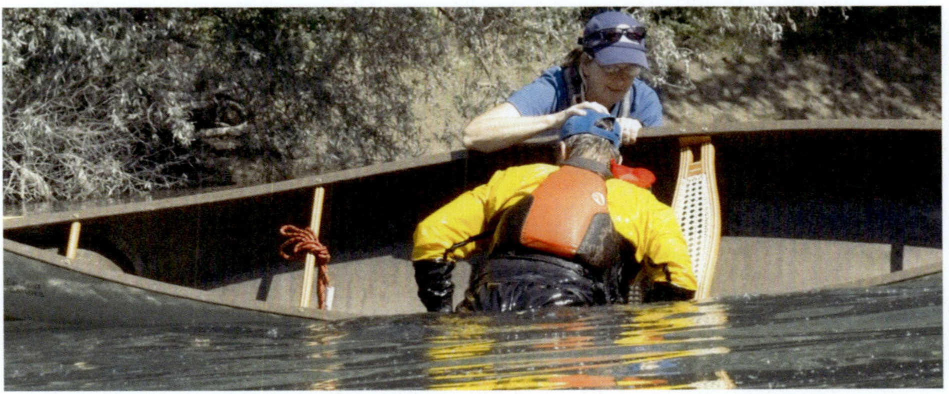

Assistierter Wiedereinstieg. Die Helferin fixiert den näher zu ihr liegenden Süllrand und schützt den Kopf des Einsteigenden. Foto: A. Schürmann

14.6.2. Selbstständiger Wiedereinstieg

Der Wiedereinstieg ohne Hilfe im tiefen Wasser erfordert einige Übung. Er wird meist nach einem *Capistranoflip* angewendet.

Zunächst positioniert man sich ein gutes Stück vor der breitesten Stelle des Bootes. Dann legt man einen Arm über den näheren Süllrand. Die Hand liegt mit dem Ballen in der *Chine*, die andere Hand hält den näheren Süllrand, bereit, den entfernten Süllrand zu greifen.

Mit Unterstützung der Beine im Wasser stützt man sich zügig auf die Hand in der Chine, greift mit der anderen Hand den entfernten *Süllrand* und zieht das Boot schnell so unter den Körper, dass man quer auf beiden Süllrändern des Bootes in Seitenlage liegt. Die Schulter befindet sich dabei jenseits des entfernten Süllrandes. Es ist darauf zu achten, dass möglichst kein Wasser über den Süllrand in das Boot läuft.

Nach einer kurzen Stabilisierungsphase dreht man sich auf den Rücken und lässt sich in das Boot gleiten.

Teil V.

Anhang

Weiterführende Informationen

Internetseiten über Freestyle- und Canadierpaddeln

Offizielle Seite zu diesem Buch
www.freestylecanoeing.de

Deutsches Webjournal für Freestyle und Canadian Style
www.freestylecanoeing.org

Die offizielle amerikanische Seite des ACA Freestyle Committee
www.freestylecanoeing.com

Freestyle und Meditation
www.zen-paddling.de

Die Internetseite der American Canoe Association Division Europa
www.aca-europe.org

Die Seite der American Canoe Association
www.americancanoe.com

Deutsches Canadierforum
www.canadierforum.de

Europäisches Freestyle- und Canadian-Style-Treffen
www.kringelfieber.de

Freestyle-Instrukteure in Europa

Eine aktuelle Liste mit allen von der American Canoe Association zertifizierten Freestyle-Instrukteuren in Europa gibt es auf der Website zu diesem Buch:

www.freestylecanoeing.de/instrukteure.html

Daneben ist ein Verzeichnis von ACA-zertifizierten Kanulehrern, auch aus anderen Disziplinen des Kanusports, auf der Seite der ACA-Division Europa zu finden:

www.aca-europe.org

Ein guter Einstieg in den Sport ist auch das jährlich stattfindende „Kringelfieber“. Hier trifft sich eine große Zahl der europäischen Instrukteure, und es werden zahlreiche kurze Workshops für Einsteiger und Fortgeschrittene angeboten.

www.kringelfieber.de

Stichwortverzeichnis